Katarina Schickling
Die 100 besten Eco Hacks

GOLDMANN
Lesen erleben

Katarina Schickling

Die 100 besten
ECO
HACKS

Tipps und Tricks für den Alltag
Einfach nachhaltig leben

GOLDMANN

MIX
Papier aus verantwortungsvollen Quellen
FSC® C083411

Klimaneutral
ClimatePartner.com/14044-1912-1001
Druckprodukt

Penguin Random House Verlagsgruppe FSC® N001967

 Dieses Buch ist auch als E-Book erhältlich.

1. Auflage
Originalausgabe Mai 2021
Copyright © 2021: Wilhelm Goldmann Verlag, München,
in der Penguin Random House Verlagsgruppe GmbH,
Neumarkter Str. 28, 81673 München
Illustration: © Janina Kress
Umschlag: Uno Werbeagentur, München
Umschlagmotiv: © FinePic®, München, © Janina Kress (Illustrationen)
Redaktion: Antje Steinhäuser
Satz: Satzwerk Huber, Germering
Druck und Bindung: CPI, Leck
Printed in Germany
EB · IH
ISBN 978-3-442-17912-1
www.goldmann-verlag.de

Besuchen Sie den Goldmann Verlag im Netz

INHALT

Grüne Power

Konsumieren und dabei die Welt retten

EINLEITUNG

Im Grunde wissen wir ja, wie es geht. Möglichst wenig Müll hinterlassen. Sparsam mit Strom und Wasser umgehen. Im Zweifel lieber radeln als Auto fahren … Aber dann wird es schon kompliziert: Ist Plastik wirklich immer schlecht? Ist die regionale, konventionelle Gurke möglicherweise nachhaltiger als die Biogurke aus Spanien? Darf ich gar kein Fleisch mehr essen, wenn ich das Klima schützen will? Ist der Milchersatz aus Mandeln tatsächlich besser fürs Klima? Schade ich der Umwelt mehr, wenn ich online shoppe oder wenn ich stattdessen mit dem SUV zum Einkaufen fahre?

Als ich angefangen habe, mich professionell mit dem Thema Nachhaltigkeit zu befassen, gingen in ganz Deutschland jeden Freitag Jugendliche auf die Straße, um für die Rettung unseres Planeten zu demonstrieren, und die Grünen feierten derartig große Umfrageerfolge, dass schon über einen Bundeskanzler Habeck spekuliert wurde. Dann kam Corona, und plötzlich schien das Thema nicht mehr »sexy« zu sein. Als ob ein nachhaltiger Lebensstil ein Luxus für Boomzeiten sei … Ich glaube, das ist der falsche Gedanke, und ich bin davon überzeugt, dass ich mit dieser Meinung nicht alleine bin.

Seit einiger Zeit berechnen Umweltschützer jedes Jahr den so genannten »Earth Overshoot Day«, auf gut Deutsch Erdüberlastungstag. Das ist der Tag, an dem wir Menschen das an Ressourcen verbraucht haben, was sich von alleine wieder regeneriert. 2019 begann unser Raubbau am 29. Juli. 2020 wäre es vermutlich schon Anfang Mai so weit gewesen – wenn nicht die Corona-Krise vorübergehend weltweit zu einem starken Rückgang der Emissionen geführt hätte. So wurde es 2020 der 22. August.

Wir haben allen Grund, uns weiter um die Zukunft zu sorgen – die Klimaerwärmung macht ja nicht Pause, nur weil wir plötzlich noch mehr Angst vor einem neuartigen Virus haben. Zudem führt der Wunsch nach Keimfreiheit zu einer wahren Flut von Plastik und zu neuen Wegwerfprodukten, Stichwort Schutzmaske. Viele Menschen haben seit Corona Bedenken, selbst mit Maske, öffentliche Verkehrsmittel zu nutzen, dicht an dicht. Ein neues Dilemma: Unseren Planeten retten und umweltbewusst Zug fahren oder lieber »nur« die eigene Gesundheit, alleine im Auto …

Trotz alldem bin ich optimistisch, dass wir die Sache mit der Weltrettung immer noch schaffen können. Zu meinen größten Lerneffekten aus den Wochen des Corona-Shutdowns gehört, auf wie viel sich ganz gut verzichten lässt, ohne dass das Leben davon wirklich schlechter wird. Daraus müsste sich doch etwas lernen lassen, oder?

Dieses Buch ist eine Sammlung von Tricks und Kniffen, wie sich unser Alltag nachhaltiger gestalten lässt, oft schon durch ganz einfache Entscheidungen. Für mein letztes Buch, *Der Konsumkompass*, habe ich zahlreiche Studien analysiert, CO_2-Bilanzen gewälzt, mit Wissenschaftlern gesprochen und nachgerechnet. Die Tipps in diesem Buch beruhen unter anderem auf diesen – natürlich aktualisierten – Recherchen. Wer gerne Studien nachlesen und Hintergründe besser verstehen möchte, findet im *Konsumkompass* umfassende Informationen und weiterführende Quellen. Doch wer einfach nur schnell und fundiert einen Überblick bekommen will, wie sich unser Alltag klimafreundlicher gestalten lässt, hält mit den 100 Eco Hacks genau den richtigen Wegweiser in der Hand.

Selbstverständlich werden die Eco Hacks allein nicht die Erderwärmung stoppen oder gar eine Klimakatastrophe verhindern. Aber viele kleine Schritte ergeben irgendwann auch etwas Großes. Also fangen wir doch einfach gemeinsam an!

KLIMA-SCHONEND ESSEN

Ungefähr 16 Prozent der Emissionen, die wir Bundes-bürger pro Kopf und Jahr verursachen, gehen aufs Konto unserer Ernährung. Nirgendwo sonst ist unsere Einflussmöglichkeit so unmittelbar: Wir entscheiden, welche Erzeuger wir mit unseren Einkäufen für nachhaltiges Wirtschaften belohnen und welche nicht.

Wir Verbraucher neigen oft dazu zu unterschätzen, welche enorme Macht wir dadurch haben. Gerade in einem so umkämpften Markt wie der deutschen Lebens-mittelbranche beobachten Hersteller und Handel ganz genau, was die Kundschaft verlangt. Diese Macht sollten wir nutzen, durch gezielte Konsumentscheidungen zugunsten eines klimafreundlichen Lebensstils.

Die ersten 26 Eco Hacks sollen dabei helfen, beim täglichen Lebensmitteleinkauf die richtige Auswahl zu treffen.

1 – Der beste Apfel zu jeder Jahreszeit

Regional boomt, und das völlig zu Recht. Lebensmittel mit weiter Anreise sollten nur ausnahmsweise auf den Tisch kommen. Für den täglichen Bedarf sind Produkte aus der Region ökologisch sinnvoller.

🍃 Heimische Äpfel haben gegenüber Äpfeln aus Übersee immer die bessere Ökobilanz, selbst dann noch, wenn sie längere Zeit im Kühlhaus lagen. Zumal der chilenische Apfel nach seiner Ankunft in einem europäischen Hafen womöglich auch noch ein, zwei Monate auf seinen Weitertransport gewartet hat – gekühlt, natürlich.

🍃 Auch der Transport innerhalb von Deutschland spielt eine Rolle: Ein Hamburger ist mit einem Apfel aus dem Alten Land besser bedient, ein Bayer mit dem vom Bodensee.

🍃 Noch besser jedoch ist es, Obst und Gemüse generell regional *und* saisonal einzukaufen – was direkt nach der Ernte ohne längere Transportwege und Lagerzeiten verbraucht wird, hinterlässt den geringsten ökologischen Fußabdruck.

🍃 Je höher der Verarbeitungsgrad eines Lebensmittels ist, desto schlechter ist fast zwangsläufig die CO_2-Bilanz. Kaufen Sie deshalb möglichst oft frische, unverarbeitete Ware. Da haben Sie dann auch die Kontrolle über die Inhaltsstoffe!

🍃 Vorsicht bei regionalen Siegeln – leider gibt es keine gesetzlichen Vorgaben, was sich »regional« nennen darf, das definieren die jeweiligen Vermarkter selbst. Eine gute Richtschnur liefert das »Regionalfenster« mit sehr detaillierten Angaben.

Eine gute Übersicht über die Siegel gibt es unter:
www.verbraucherzentrale.de/wissen/lebensmittel/
kennzeichnung-und-inhaltsstoffe/regionale-lebensmittel-11403

Achtung: Ausgerechnet das EU-Siegel »Geschützte geographische Angabe«, etwa beim Schwarzwälder Schinken, kann eine echte Mogelpackung sein. Es schützt nur die Zubereitungsweise und verlangt einen Arbeitsschritt in der Region. Die Schweineschenkel für den Schinken können also durchaus aus Dänemark angereist sein, ohne dass Sie das beim Kauf erkennen können.

2 – Das richtige Wasser trinken

Ein für unsere Gesundheit besonders wertvolles Getränk – und eigentlich ganz einfach und ökologisch zu beschaffen, aus dem Wasserhahn. Trinkwasser ist das vielleicht am strengsten kontrollierte Lebensmittel in Deutschland. Der Verzicht auf den Wasserkauf ist eines der einfachsten Mittel, nachhaltig zu leben!

🌿 Leitungswasser ist nicht nur billiger als Wasser aus der Flasche, es hat auch die viel bessere Ökobilanz – und mineralstoffreicher ist es obendrein.

🌿 Allerdings nur, wenn Sie es ungefiltert trinken. Ein Wasserfilter ist gut für Ihre Kaffeemaschine, weil er die vor Kalk schützt. Aber was ist Kalk? Ein Mineral … also unbedingt ungefiltert trinken!

🌿 Wenn Sie Wassersprudler nutzen: Achten Sie darauf, dass sich die Flaschen in der Spülmaschine waschen lassen. Sonst kann sich ein so genannter Biofilm bilden – und der hat mit »öko« nichts zu tun, sondern enthält Keime, die schlimmstenfalls sogar krank machen können.

🌿 Leitungswasser für unterwegs? Mit »Refill« kein Problem! In ganz Deutschland kann man sich an den »Refill-Stationen«, zu erkennen an einem blauen Aufkleber, seine Trinkflasche kostenlos auffüllen lassen. Eine Karte findet man unter www.refill-deutschland.de, und eine App für unterwegs gibt's auch.

🌿 Wer Biofleisch kauft, betreibt aktiven Trinkwasserschutz.

3 – Die gute Wahl zwischen regional und bio

Klarer Fall: am besten regional *und* bio. Natürlich gibt es viele konventionelle Bauern, die sehr ordentlich arbeiten. Sollten Sie das Glück haben, so einen Landwirt um die Ecke zu haben, wo Sie sich selbst von Nachhaltigkeit und tiergerechter Haltung überzeugen können: Herzlichen Glückwunsch! Den sollten Sie unbedingt unterstützen. Falls nicht, ist bio eine gute Wahl. Da kontrollieren die Verbände für Sie.

- Konventionelle Landwirtschaft erzeugt auf kleineren Flächen mehr Ertrag. Das ist erst mal gut fürs Klima.

- Andererseits belastet konventionelle Tierhaltung das Grundwasser, Pestizide schaden der Artenvielfalt.

- Bio sollte immer nur ein Aspekt bei der Kaufentscheidung sein. Je weiter die Ware gereist ist, desto schlechter der ökologische Fußabdruck. Auch bei Biolebensmitteln ist regional und saisonal Trumpf!

- Fragen Sie mal eine Muttersau in einem Abferkel-Kastenstand, ob sie das so mag. Oder eine Kuh in Anbindehaltung. In Sachen Tierwohl ist bio immer die bessere Wahl.

4 – Zutaten aus China vermeiden

Leider müssen verarbeitete Lebensmittel in der EU die Herkunft der Zutaten nicht nachweisen. Tatsache ist jedoch, dass Sie in aller Regel mit großer Wahrscheinlichkeit davon ausgehen können, dass die Erdbeeren in Ihrem Fruchtjoghurt, die Tomaten auf Ihrer Tiefkühlpizza oder die Zwiebeln in Ihrer Instantsoße aus China stammen. Ich habe mehrmals für Dokus großflächig in der Lebensmittelindustrie zur Herkunft von Zutaten recherchiert – kaum einer der Großen, der nicht die billige Ware aus Fernost verarbeitet. Gut für deren Bilanz, schlecht für die des Klimas:

- Wie schon weiter vorne erwähnt: Transport spielt bei der Ökobilanz immer eine wesentliche Rolle. Selbst als Schiffsfracht ist chinesische Ware ein Ökoproblem.

- Die meisten Lebensmittel, die wir aus China importieren, gibt es auch bei uns, und das sogar zu ähnlichen Erntezeiten. Schließlich liegt auch China auf der Nordhalbkugel. Mehr heimische Produkte auf dem Tisch, das wäre gut fürs Klima *und* für unsere Bauern.

- In China sind Pestizide im Einsatz, die in der EU schon lange aus gutem Grund verboten sind.

- Gerade in der Landwirtschaft ist Kinderarbeit verbreitet. Und auch sonst sind die Arbeitsbedingungen für Beschäftigte in der chinesischen Landwirtschaft oft nicht gut.

5 – Fertiggerichte: Mogelpackungen besser erkennen

Wir Deutschen gelten ja als besonders sparsam beim Lebensmitteleinkauf. Umso erstaunlicher, dass Fertiggerichte immer noch so im Trend sind. Denn teurer kann man kaum einkaufen! Für eine ARD-Doku habe ich mal ausgerechnet, was besonders beliebte Fertiggerichte – die Tiefkühlpizza etwa, Nudeln im Set mit Soße und Käse oder Kartoffelpüree – im Vergleich zu frisch Gekochtem kosten. Selbstgemacht war in jedem einzelnen Fall extrem viel günstiger, selbst in Bio-Qualität. Und nachhaltiger ist selbst kochen auch.

- Je höher der Verarbeitungsgrad eines Produktes ist, desto schlechter die Ökobilanz. Das fällt insbesondere bei allen Instantprodukten ins Gewicht.

- Was tiefgekühlt verkauft wird, ist zwar von der Produktqualität her meist hochwertiger, hat dafür aber einen sehr ressourcenverbrauchenden Transport auf dem Buckel, wegen der Kühlkette.

- Wenn Sie unbedingt für Notfälle Convenience zu Hause haben wollen: Versuchen Sie, Produkte mit möglichst wenig Verpackung zu finden! Die Tiefkühlpizza im Karton braucht nicht auch noch eine Plastikfolie.

- Tiefkühlgemüse gibt es mittlerweile auch in Papiertüten statt in Folienverpackungen. Das ist allerdings von der Ökobilanz her gar nicht besser. Papier verbraucht bei der Herstellung enorme Ressourcen; wenn es gleich anschließend im Müll landet, ist das noch umweltschädlicher als ein dünner Plastikbeutel, der ordentlich recycelt wird.

6 – Aktiv gegen Lebensmittelverschwendung

Die Erzeugung von Lebensmitteln ist ein wesentlicher Umweltfaktor. Umso schlimmer deshalb, wenn diese Lebensmittel dann nicht mal gegessen werden.

🌿 Werfen Sie keine Lebensmittel weg. Eh klar, oder?

🌿 Kaufen Sie gezielt auch Obst und Gemüse, das nicht aussieht wie mit Fotoshop designt. Vielleicht können wir alle gemeinsam den Handel so langfristig erziehen – auch eine krumme Karotte schmeckt gut!

🌿 Wenn Sie für heute oder morgen einkaufen: Greifen Sie gezielt zu Lebensmitteln, deren Haltbarkeitsdatum dem Ende zugeht.

🌿 Großpackungen verursachen proportional weniger Verpackungsmüll – dafür steigt das Risiko, dass Ihnen etwas verdirbt. Lösung: möglichst viel lose kaufen.

🌿 Kaufen Sie Wurst und Fleisch nur dort, wo frisch auf- und abgeschnitten wird. Alles, was schon vorgeschnitten auf Sie wartet, ist ein potenzieller Müllkandidat.

🌿 Kaufen Sie einzelne Bananen statt einen Bund – einzelne Früchte halten genauso gut, bleiben aber oft im Laden liegen und werden dadurch ein Fall für die Tonne.

🌿 Unter www.mundraub.org gibt es eine interaktive Karte mit Obstbäumen, wild wachsenden Kräutern u. Ä., wo sich jeder frei bedienen darf.

7 – Lebensmittel richtig lagern

Was nicht verdirbt, ist nachhaltiger – logisch. Und so geht's:

- Die gemischte Obstschale in der Küche sieht hübsch aus, ist aber nicht sinnvoll. Denn vor allem Äpfel geben das Gas Ethylen ab, das Früchte schneller nachreifen lässt.

- Karotten und Radieschen werden schneller gammelig, wenn man die Blätter dranlässt – sie entziehen dem Gemüse Wasser. Kirschen hingegen halten mit Stiel länger.

- Bananen möglichst hängend lagern und nicht aufeinanderlegen – ja, ich weiß … das widerspricht nun wieder dem Tipp mit den einzelnen Bananen …

- Orangen, Zitronen und Tomaten auf keinen Fall im Kühlschrank lagern, das killt das Aroma.

- Bei null bis vier Grad hält sich Rindfleisch drei bis vier Tage, Kalb- und Schweinefleisch sollten innerhalb von zwei bis drei Tagen zubereitet werden. Größere Stücke halten länger als aufgeschnittene Steaks, wegen deren größerer Oberfläche, die mehr Angriffsfläche für Bakterien bietet. Hackfleisch sollte auch im Kühlschrank nur maximal acht Stunden aufbewahrt und schnell verarbeitet werden. Fleisch am besten immer umpacken, in ein Glas- oder Kunststoffgefäß.

- Auf der Homepage der Bundesanstalt für Landwirtschaft und Ernährung gibt es ausführliche Tipps für die richtige Lagerhaltung: www.ble-medienservice.de/0133/lebensmittellagerung-im-haushalt-empfehlungen-fuer-die-lagerdauer-und-lagerbedingungen?number=0133

8 – Was in die Tonne muss

Viele Lebensmittel landen bei uns im Müll, weil wir uns nicht sicher sind, woran wir Verdorbenes erkennen. Dabei hat uns die Natur an sich mit ziemlich guten Testinstrumenten ausgestattet: Augen und Nase!

- Obst und Gemüse: Druckstellen einfach wegschneiden. Klar abgegrenzte faulende Stellen jedoch bedeuten »ab in die Tonne«! Wegen des hohen Wassergehalts können sich Mikroorganismen schnell in der ganzen Frucht verteilen.

- Salat: Ja, es ist praktisch … aber vorgeschnittene Salate sollten Sie meiden. Die Schnittstellen sind Tummelplätze für Keime. In Kopfform hält Salat sich viel besser.

- Brot: Schimmelpilze bilden Fäden, die den ganzen Laib durchziehen können. Deshalb auch bei kleinem Befall: weg damit! Um Schimmel zu verhindern, lagert Brot am besten in einem luftdurchlässigen Gefäß oder in ein sauberes Geschirrtuch gewickelt. Brot keinesfalls in den Kühlschrank packen. Da wird es schneller hart.

- Haltbarkeitsdaten: Das Mindesthaltbarkeitsdatum sagt nichts über die Verzehrfähigkeit aus. Gerade Joghurt, Tiefkühlkost und Konserven halten oft viel länger. Arbeiten Sie mit Ihren ureigenen Analysegeräten: Augen, Nase, Mund. Was gut aussieht, normal riecht und schmeckt, können Sie getrost verwenden. Anders liegt die Sache beim »Verbrauchsdatum«, etwa bei Hackfleisch – das sollte keinesfalls ignoriert werden.

🌿 Käse: Weißen Schimmel oder trockene Ränder können Sie einfach abschneiden. Bei grünem oder gelbem Schimmel gehört der Käse in den Müll. Ebenfalls problematisch: verpackter Mozzarella. Der hält sich nach Ablauf des Mindesthaltbarkeitsdatums nur noch kurz.

🌿 Eier: Wenn Sie unsicher sind: Machen Sie den Wassercheck! Ein frisches Ei sinkt in einer Schüssel mit Wasser zu Boden. Mit längerer Lagerzeit vergrößert sich die Luftblase im Ei, es richtet sich auf und nähert sich der Wasseroberfläche, ist aber immer noch genießbar. Hände weg von Eiern, die oben schwimmen – die sind nicht mehr gut.

🌿 Schokolade: Schokolade ist sehr fetthaltig. Dieses Fett kann bei längerer Lagerung austreten und bildet dann weiße Flecken. Gesundheitlich ist das unbedenklich, schmeckt aber nicht mehr so fein.

9 – From Leaf to Root

… heißt der Ernährungstrend, wo aus vermeintlichen Abfällen von Obst und Gemüse schmackhafte Gerichte entstehen. Wer alles verwertet, tut etwas für seine Ökobilanz!

🌿 Aus den Blättern von Karotten und Radieschen kann man ein wunderbares Pesto machen. Einfach genauso verwenden wie Basilikum.

🌿 Altes Brot wird dünn aufgeschnitten mit ein paar Tropfen Olivenöl und Meersalz im Backofen zu feinen Brotchips.

🌿 Sogar Bananenschalen lassen sich verwerten und zu Chips rösten: Das geht allerdings nur bei Bio-Qualität, und auch da die Schale vorher gründlich reinigen!

🌿 Die »Beste-Reste-App« bietet über 700 Rezepte von Hobbyköchen und Küchenprofis wie Sarah Wiener:
www.zugutfuerdietonne.de/beste-reste/die-beste-reste-app/

🌿 Was bei der kompletten Verwertung von Obst und Gemüse zu beachten ist und wo die gesundheitlichen Grenzen liegen, darüber informiert das Bundeszentrum für Ernährung:
www.bzfe.de/inhalt/vom-blatt-bis-zur-wurzel-31270.html

10 – Die besten Essensretterplattformen

Abfall vermeiden und auch noch Geld sparen – eine echte Win-win-Situation! Smarte Plattformen bringen überschüssige Lebensmittel und hungrige Mäuler zusammen:

🌿 Unter www.foodsharing.de organisiert eine Initiative über 200 000 registrierte Nutzer in Deutschland, Österreich, der Schweiz und weiteren europäischen Ländern. Die Mitglieder der Foodsharing-Community bringen ehrenamtlich Menschen zusammen, die überzähliges Essen nicht wegwerfen wollen, von den Resten im eigenen Kühlschrank bis zur großen Werkskantine. Wer sich registriert, hat Zugriff auf alle Aktionen.

🌿 Die Apps »Too good to go« und »ResQ« bieten Gastronomen und Lebensmittelhändlern die Gelegenheit, Speisen kurz vor Ladenschluss zu reduzierten Preisen abzugeben – und Ihnen die Chance, Essen zu retten und gleichzeitig Geld zu sparen. Einfach Postleitzahl eingeben, abholen und genießen!

🌿 Mit der Foodsharing-App »UXA« können Sie Ihre überschüssigen Lebensmittel Nutzern in Ihrem Umkreis anbieten, etwa wenn der Kühlschrank noch halb voll ist und Sie in den Urlaub fahren. Funktioniert bisher allerdings nur in einigen Großstädten.

🌿 Keine Plattform, aber trotzdem eine schöne Idee: Das Berliner »Dörrwerk« verarbeitet Obst, das wegen optischer Mängel aussortiert wird, zu so genanntem »Fruchtpapier«. Für mich ein toller Gummibärchen-Ersatz aus 100 Prozent Frucht!

11 – Mit weniger Fleisch das Klima retten

Früher wurden Schweine auf Höfen weitgehend mit Küchenabfällen gefüttert, und Kühe standen auf Flächen, die für Ackerbau ohnehin nicht sonderlich gut geeignet waren, und grasten dort. Heute fressen Tiere Kraftfutter, zu großen Teilen aus Soja. Auf den Flächen, wo das erzeugt wird, hätte vorher vielleicht Regenwald gestanden und CO_2 gebunden. Oder es würden statt Viehfutter Feldfrüchte angebaut, die ohne den Umweg über die Tiermägen zu unserer Ernährung beitragen können. Das Soja, mit dem deutsche Tiere gemästet werden, hat zudem meist ein paar Tausend Schiffskilometer auf der CO_2-Uhr.

Fleischkonsum ist ein Faktor, wo wir ganz einfach unseren persönlichen CO_2-Abdruck reduzieren können. Am effektivsten ist natürlich ein kompletter Verzicht auf Fleisch und Wurst. Mir würde das zugegebenermaßen schwerfallen. Aber zumindest sollten wir wieder dorthin zurück, wo unsere Vorfahren einst waren, und Fleisch nicht als Alltagsnahrung, sondern als Delikatesse betrachten.

- Rindfleischerzeugung verursacht die meisten Treibhausgase, gefolgt von Schaf- und Ziegenfleisch. Schweinefleisch ist weniger klimaschädlich. Die geringsten Emissionen fallen bei Geflügel an.

- Das größte Emissionsproblem ist die Futtermittelerzeugung: Weidetiere leben klimafreundlicher.

- Kaufen Sie Fleisch möglichst frisch und verbrauchen Sie es schnell. Der Grillgutvorrat in der Tiefkühltruhe verschlechtert Ihre Klimabilanz noch weiter.

- Die Covid-19-Ausbrüche in den Schlachthöfen haben uns deutlich darauf gestoßen, welche Zustände bei uns in der Fleischerzeugung herrschen – gerade bei Fleisch sollten Sie nicht auf Schnäppchenjagd gehen!

- 300 Gramm Fleisch pro Woche empfiehlt die Deutsche Gesellschaft für Ernährung – im Schnitt essen wir dreimal so viel. Weniger ist nicht nur gut fürs Klima, sondern auch für Ihre Gesundheit.

12 – Nose to Tail

Ein großes Problem beim Fleischkonsum ist, dass wir verwöhnten Wohlstandskinder nur noch die Premiumstücke zum Kurzbraten kaufen – Schnitzel, Steak und Hühnerbrust. Der »Nose to Tail«-Trend ist da ein Segen – Spitzenköche werben dafür, das ganze Tier zu verwerten.

- Greifen Sie nicht immer nur zu Schnitzel und Filet – wenn wir schon Tiere nutzen, sollten wir das möglichst komplett tun. Das schont zudem Ihren Geldbeutel – Schmorfleisch ist viel billiger!

- Kaufen Sie nur ganze Hühner. Macht mehr Arbeit, ist aber viel nachhaltiger – und Sie tun auch noch etwas entwicklungspolitisch Sinnvolles: Unsere Hähnchenreste machen als Exportware die Geflügelwirtschaft in Afrika kaputt.

- Crowdbutching-Anbieter wie »Kauf ne Kuh« oder »Besserfleisch« schlachten Tiere erst, wenn das komplette Tier vermarktet ist, zu fairen Preisen.

13 – Aktiv gegen Überfischung

Die Empfehlung, viel Fisch zu essen, fehlt in keinem Artikel über gesunde Ernährung. Dumm nur, dass das für die Umwelt viel weniger gut ist als für unseren Körper. Fische haben möglicherweise schlicht das Pech, weniger niedlich zu sein als Kälbchen oder Ferkel. Aber auch ein Lachs in einem engen Zuchtnetz leidet und wird mit großen Mengen Antibiotika gegen seine vielen Krankheiten behandelt.

🌿 Die Ökobilanz von Fisch ist besser als die von Fleisch. Aber wegen der erheblichen Überfischung ist Fisch trotzdem mit Vorsicht zu genießen.

🌿 Laut Umweltbundesamt können Aquakulturen erhebliche Umweltschäden verursachen, etwa wenn Chemikalien, Nahrungsreste, Fischkot und Antibiotika aus den offenen Netzkäfigen in die Flüsse und Meere gelangen. Zudem beansprucht die rasant wachsende Aquakultur viel Fläche in den Küstenregionen tropischer und subtropischer Länder. Dadurch gehen wertvolle Lebensräume wie Mangrovenwälder verloren.

🌿 Wer auf Fisch nicht verzichten möchte, sollte wenigstens zu nachhaltig gefangener, zertifizierter Ware oder zu Produkten aus Biozucht greifen. Empfehlenswert sind die Label von Bioland oder Naturland.

🌿 Der WWF und Greenpeace haben Einkaufsratgeber als App fürs Handy entwickelt. So können Sie im Supermarkt direkt sehen, welcher Fisch aus welchen Fischgründen besonders bedroht ist.

- Auch Raubfische aus Aquakultur tragen zur Überfischung bei – weil sie mit kleineren Fischen aus Wildfang gefüttert werden.

- Der einzige richtig unbedenkliche Fisch ist Karpfen aus zertifizierter Zucht.

14 – Die Milch macht's

An kaum einem Lebensmittel (außer vielleicht noch Weizen) scheiden sich die Geister so sehr … Unabhängig von der Frage, ob Milch nun wahnsinnig gesund oder totales Teufelszeug ist: Ein Umweltfaktor ist sie in jedem Fall.

🌿 2012 gingen drei Prozent der deutschen Treibhausgase auf das Konto der Herstellung von Milchprodukten. Unsere Milch im Kaffee und der Joghurt zum Frühstück hauen also rein!

🌿 Für die Produktion von einem Liter Milch werden laut Water Footprint Network rund 200 Liter Wasser verbraucht. Allerdings ist Wasser in unseren Breiten keine knappe Ressource, bei regionaler Milch ist das also keine besonders gravierende Umweltsünde.

🌿 Je höher der Verarbeitungsgrad, desto schlechter die Umweltbilanz: Butter schlägt stärker zu Buche als Sahne, Käse mehr als Quark. Grundregel: Je fetter, desto klimaschädlicher, weil dann anteilig mehr Milch verbraucht wurde.

🌿 Kaufen Sie Milchprodukte von Molkereien, die ihre Überschüsse nicht zu Milchpulver verarbeiten. Das ist leider etwas mühsam – da müssen Sie persönlich bei der Kundenhotline nachfragen. Aber es wäre ohnehin gut, wenn wir Kunden den Herstellern viel mehr auf die Finger schauen würden.

🌿 Wichtig: Laktose ist nur für Menschen schädlich, die tatsächlich an einer Intoleranz leiden, das sind in unseren Breiten etwa 15 Prozent. Alle anderen verschlechtern mit laktosefreien Milchprodukten ihren ökologischen Fußabdruck, weil jeder Verarbeitungsschritt zur CO_2-Bilanz beiträgt, auch das Entfernen von Laktose.

15 – Das klimafreundlichere Ei

Wie schon bei Fleisch und Milch gilt auch hier: Tierische Produkte haben generell eine schlechtere Ökobilanz als pflanzliche, schon weil auch die Nutztiere ja erst mal Pflanzen fressen müssen. Bei Eiern ist die Haltungsform entscheidend für die Nachhaltigkeit.

🌱 Pro Ei frisst eine Legehenne etwa 150 Gramm – schlecht, wenn das Sojaschrot war, für den am anderen Ende der Welt Soja angebaut wurde. Deshalb Finger weg von Hühnereiern aus Bodenhaltung!

🌱 Nur bei Bio-Eiern können Sie darauf vertrauen, dass nachhaltig erzeugtes Futter eingesetzt wird, idealerweise aus heimischem Anbau.

🌱 Noch besser: Eier aus einer Brudertier-Haltung. Dort werden auch die männlichen Küken aufgezogen und verwertet – deren Fleisch ist etwas fester als das von herkömmlichen Masthühnern.

🌱 Dieses System funktioniert natürlich nur, wenn jeder, der Eier essen möchte, auch gelegentlich ein Suppenhuhn (das sind meist Legehennen) oder einen Bruderhahn kauft.

16 – Vegan die Welt retten

Wenn wir direkt pflanzliche Produkte essen, anstatt sie über den Umweg eines Tiermagens zu uns zu nehmen, ist die Ökobilanz besser. Allerdings schlagen auch diese Lebensmittel zu Buche, zumal wir von Zutaten wie Weizen oder Obst viel größere Mengen verzehren.

- Auch hier kommt es wieder auf den Verarbeitungsgrad an. Je mehr Verarbeitungsschritte ein Lebensmittel hinter sich hat, desto schlechter fürs Klima. Deshalb sind Haferflocken im Zweifel besser als der Convenience-Getreide-Bratling.

- Lieber zu heimischen Erzeugnissen greifen: Bohnen sind eine ökologischere Eiweißquelle als Soja aus Südamerika. Quinoa oder Teff sind für die Bauern in Kolumbien oder Äthiopien unverzichtbar als Grundnahrungsmittel und sollten nicht zu unserer Alltagsnahrung werden.

- Freilandware ist besser fürs Klima als Gemüse und Obst aus dem Gewächshaus. Flugware sollte generell tabu sein.

- Die Arbeitsbedingungen auf südeuropäischen Gemüseplantagen sind oft menschenverachtend, und auch ein Spargelstecher oder Erdbeerpflücker in Deutschland arbeitet zuweilen unter entwürdigenden Bedingungen. Kaufen Sie dort ein, wo Sie jemanden nach der Entstehung der Produkte fragen können.

17 – Das Avocado-Problem

Die Avocado ist ein Liebling veganer Foodblogger, auch weil sich das cremige Fruchtfleisch so gut als Butterersatz nutzen lässt. Unglücklicherweise brauchen Avocados einerseits sehr viel Wasser, wachsen aber andererseits in Ländern besonders gut, wo Wasser knapp ist. Ich mag Guacamole auch. Aber wer nachhaltig leben möchte, sollte weitgereiste Zutaten als Delikatessen begreifen, die man sich gelegentlich gönnt, und nicht als Alltagskost.

- Der CO_2-Abdruck einer Avocado ist in jedem Fall besser als der von Butter oder Ei – aber in diesem Fall ist der Wasserverbrauch mindestens ebenso relevant: Milch und Eier aus Europa verbrauchen Wasser, das bei uns keine knappe Ressource ist. In Chile und Mexico sieht das ganz anders aus.

- Länder wie Chile oder Mexiko exportieren im Grunde ihr rares Trinkwasser in Form von Avocados zu uns – das ist das Gegenteil von Nachhaltigkeit.

- Wenn, dann Ware aus Spanien oder Israel kaufen, am besten bio.

- Es gibt mittlerweile tolle Crowdfarming-Projekte, wo Obst und Gemüse direkt von Erzeugern in Europa an Endkunden vermarktet wird. Unter www.crowdfarming.com kann man unter anderem während der Saison tolle spanische Avocados kaufen, die mit Schmelzwasser aus der Sierra Nevada bewässert werden.

- Was wirklich gar nicht geht: ready to eat, in der schützenden Plastikhülle. Avocados lieber selbst nachreifen lassen. Neben einem Apfel gelagert geht das schneller.

18 – Erbsenburger für die Ökobilanz

Ich bin ganz ehrlich: So ganz erschließt sich mir der Sinn von Fleischersatz nicht. Es gibt schließlich eine Menge Lebensmittel, die von Natur aus vegetarisch oder vegan sind. Aber offensichtlich sehen das viele anders: Selten hat ein Produkt so eingeschlagen wie »Beyond Meat«, ein Fleischpflanzerl ohne Fleisch, das dank des Einsatzes von Rote-Bete-Saft für eine blutige Optik auf dem Grill sorgt, und das völlig vegan. Die Erbsenprotein-Bratlinge sind irre teuer, ständig ausverkauft, und der Aktienkurs der Herstellerfirma geht durch die Decke.

- Damit Pflanzenprotein wie Fleisch rüberkommt, muss ein großer Verarbeitungsaufwand betrieben werden. Das relativiert die bessere Ökobilanz von pflanzlichen Lebensmitteln. Besser fürs Klima wäre es, wenn wir die Ausgangsmaterialien einfach direkt als Gemüse oder Getreide essen würden, und nicht in der hochprozessierten Schummelfleisch-Version.

- Bei den Kult-Buletten von Beyond Meat kommt noch der gekühlte Transport aus den USA hinzu, bei Tofu- oder Tempeh-Bratlingen ist das Ausgangsmaterial Soja, stammt oft aus Südamerika und hat zusätzlich zum Transport womöglich auch noch die Rodung von Regenwald auf der Uhr.

- Wer für den Einstieg in sein fleischfreies Leben unbedingt solche Produkte essen möchte, sollte wenigstens Fleischersatz aus heimischen Ausgangsprodukten kaufen. Erbsen und Lupinen wachsen auch hierzulande.

 Bei manchen Herstellern wird die Schummelwurst überwiegend aus Hühner-Eiweiß hergestellt. Da kann man schon fragen, ob es nicht aufs Gleiche hinausläuft, wenn das Tier statt als Fleischlieferant nun als Eierproduzentin leidet.

 Die beste Wahl sind möglichst naturbelassene Produkte, die kaum Zusatzstoffe enthalten – wie zum Beispiel Natur-Seitan. Statt mit industriell hergestellten Produkten lässt sich Fleisch aber auch einfach so durch Hülsenfrüchte ersetzen. Linsen schmecken zum Beispiel in einer vegetarischen Bolognesesoße, Kichererbsen-Bratlinge im Veggie-Burger.

19 – Milch klimagerecht ersetzen

Bei Milchprodukten ist die Ökobilanz umso schlechter, je mehr Milch als Ausgangsprodukt benötigt wird: Bei Butter sind das für ein Kilo 20 Liter, deshalb ist Butter das Milcherzeugnis mit dem größten CO_2-Abdruck, Frischkäse ist daher klimafreundlicher als ein lange reifender Pecorino, der bei diesem Prozess viel Masse verliert. Ersatzmilch ist allerdings nicht in jedem Fall eine umweltschonendere Alternative.

- Für einen Liter Weidemilch werden etwa 100 Liter Wasser benötigt. Eine handelsübliche Mandelmilch aus dem Supermarkt enthält in einem Liter 20 Mandeln. Für deren Anbau setzt der Bauer 1 000 Liter Wasser ein – das Zehnfache des Wasserverbrauchs der Weidemilch. Auch der Sojaanbau ist ziemlich bewässerungsintensiv – für einen Liter Sojamilch kommt man auf fast 300 Liter Wasser.

- Wichtig für die Ökobilanz ist auch, wo dieses Wasser verbraucht wird. In unseren Breiten ist Wasser kein sonderlich knappes Gut, dort, wo etwa Mandeln wachsen, aber schon.

- Unglücklicherweise haben wir Kunden aber kaum eine Chance, etwa bei Soja- oder Mandelgetränken, herauszufinden, woher der namensgebende Grundstoff stammt. Eine Kennzeichnungspflicht dafür gibt es in der EU nicht.

- Allerdings stammt das Soja-Kraftfutter für konventionelle Milchkühe gleichfalls oft aus Südamerika – deshalb, wenn schon, dann unbedingt Weidemilch in Bio-Qualität kaufen!

- Als Faustregel bei den Drinks gilt: Je regionaler, desto besser. Mittlerweile gibt es Hafergetränke vom Bodensee und Sojadrinks aus Österreich. Reismilch und Mandelmilch müssen importiert werden, darum fällt die Bilanz im Vergleich schlechter aus.

- Problematisch bei den Getränken ist häufig die Verpackung – praktisch immer Verbundkartons. Das sind Kartonverpackungen, innen ausgekleidet mit einer Aluminium- und mehreren Kunststoffschichten. Diese Kartons (im Volksmund auch als »Tetrapak« bekannt, weil so der größte Hersteller heißt) lassen sich nur teilweise recyceln. Da fällt die Bilanz der Milch in der Pfandflasche besser aus.

20 – Eis – Abkühlen mit gutem Gewissen

Puristen könnten jetzt argumentieren, dass sich hier die Ökobilanz ganz einfach verbessern lässt, weil Eis überflüssiger Luxus ist. Andererseits macht Eis an heißen Tagen besonders glücklich …

🌿 Wieder einmal gilt: Pflanzliche Zutaten haben einen kleineren CO_2-Abdruck als Milchprodukte. Deshalb ist in ökologischer Hinsicht Sorbet schon mal besser als Milchspeiseeis.

🌿 Viele Eisdielen machen ihr Eis nicht selbst – damit kommt zur Herstellung noch der Transport in Kühlwagen. Eisdielen mit eigener Produktion, womöglich noch aus Biozutaten, sind klimafreundlicher.

🌿 Selbst wenn Sie die Waffel dann wegwerfen, weil Sie sich plötzlich wieder an Ihre Diät erinnern: Sie ist trotzdem die ökologischere Lösung als ein beschichteter Becher und ein Plastiklöffel, die zudem fast immer im Restmüll landen.

🌿 Ich habe keine Ökobilanz für Eismaschinen gefunden. Klar ist jedoch: Wer einfach eine Schüssel ins Tiefkühlgerät stellt und selbst regelmäßig durchrührt, verbraucht weniger Ressourcen, als wer die Eismaschine anwirft. Und auch deren Herstellung und später die Entsorgung des Altgerätes zählen ja in die CO_2-Bilanz.

🌿 Das schnellste Eis der Welt: Einfach Tiefkühlobst mit dem Pürierstab durchmixen – fertig im Handumdrehen und extrem fein!

21 – Kein Geiz bei Lebensmitteln

Wie oft habe ich dieses Argument schon gehört: Klimaschutz, Energiewende, Biolebensmittel – das seien doch in erster Linie Themen für Besserverdiener. Das Gegenteil ist richtig. So wie es im Moment läuft, bezahlt die gesamte Gesellschaft etwa die Folgekosten, die durch den enormen Preisdruck am Lebensmittelmarkt ausgelöst werden.

🌱 Konventionell erzeugtes Fleisch geht mit großen Güllemengen einher. Mancherorts hat das erhebliche Folgen für den Wasserpreis – für alle!

🌱 Noch hat kein Forscher ausgerechnet, was die Corona-Ausbrüche unter Schlachthofmitarbeitern und Erntehelfern die Gesellschaft gekostet haben – klar ist jedoch, dass auch diese Folgekosten die gesamte Gesellschaft trägt, nicht nur jene, die gerne besonders billig Schweinekoteletts oder Erdbeeren kaufen.

🌱 Auch das Insektensterben wird uns langfristig teuer zu stehen kommen. Für fast drei Viertel der wichtigsten Nutzpflanzen spielen die tierischen Bestäuber eine wesentliche Rolle: Raps, Sonnenblumen, Ackerbohnen und Erdbeeren erreichen bis zu 40 Prozent höhere Erträge durch die tierische Bestäubung. Im Obstbau sind bis zu 90 Prozent der Erträge vom Einsatz der Tiere abhängig. Eine möglichst biodiverse Landwirtschaft könnte da dagegensteuern.

🌱 Lebensmittelerzeuger produzieren das, was sie am Markt loswerden. Und der Markt, das sind wir. Wenn wir nicht mehr in erster Linie preis-, sondern qualitätsbewusst einkaufen, wird das positive Auswirkungen auf das Angebot haben.

22 – Palmöl vermeiden

Palmöl ist mittlerweile ein Lieblingsschurke der umweltbewussten Kundschaft. Ganz so einfach ist es allerdings nicht. Denn grundsätzlich schafft die Ölpalme viel Ertrag pro Fläche; ihr Öl ist damit etwa die bessere Wahl als Kokosöl. Und da, wo ein paar Ölpalmen Kleinbauern in Entwicklungsländern ein einträgliches Einkommen liefern, wäre Palmöl eine gute Sache.

🌱 Hauptproblem beim Palmöl ist die Vernichtung von Regenwäldern für neue Anbauflächen. Die Zertifikate RSPO und POIG sind ein Schritt in die richtige Richtung, aber kein Freibrief. Besser ist Biopalmöl aus kleinbäuerlicher Erzeugung.

🌱 Eine gute Alternative ist heimisches Rapsöl. Sonnenblumenöl ist weniger ertragreich als die Ölpalme, dafür aber garantiert nicht schuld an der Rodung von Regenwald.

🌱 Besonders häufig wird Palmöl in Fertiggerichten und anderen verarbeiteten Produkten eingesetzt, weil es eine sehr billige Zutat ist und in der maschinellen Verarbeitung gut funktioniert. Wirklich notwendig ist es indes nicht. Meine selbstgemachte Nuss-Nougat-Creme wird auch mit Rapsöl zart schmelzend.

🌱 Palmöl taucht gerne unter kryptischen Bezeichnungen auf, die kaum jemand identifizieren kann. Oder wären Sie bei »Elaeis Guineensis« hellhörig geworden? Hier gibt es eine Liste mit typischen Tarnbegriffen auf Zutatenlisten: www.umweltblick.de/index.php/downloads/item/ deklarationen-von-palmoel

23 – Kaffee ohne Klimasünden

Das liebste Getränk der Deutschen, und zugleich ein Produkt, das eindeutig nicht regional sein kann. Über den Kaffeebecher-Müllberg wurde in den letzten Jahren hierzulande viel debattiert (dazu mehr bei Eco Hack Nr. 39), dabei ist der eigentliche Umweltfaktor vor allem der Kaffee selbst.

🌿 Kaffee hat leider generell keine gute Ökobilanz. Für den Anbau wurde womöglich Urwald gerodet, die Felder wurden mit Pestiziden bearbeitet.

🌿 Kaffeeanbau benötigt immens viel Wasser: Die Herstellung von einem Kilo Kaffee verbraucht etwa 21 000 Liter der Ressource, stolze 140 Liter pro Tasse. Allerdings immerhin in Gegenden, die von Natur aus sehr feucht sind.

🌿 Ob der Kaffee aus Südamerika, Afrika oder Asien stammt, spielt dagegen keine große Rolle – Kaffee reist ungekühlt auf dem Frachtschiff, da ist die unterschiedliche Entfernung pro Tasse nicht so entscheidend.

🌿 Zu Biokaffee gibt es im Grunde keine echte Alternative. Fairtrade-Kaffee ohne Biosiegel wird nicht notwendigerweise besonders nachhaltig angebaut.

🌿 Deshalb immer sparsam dosieren und nur so viel Kaffee zubereiten wie getrunken wird. Kaffee, der weggeschüttet wird, verschlechtert die Ökobilanz drastisch.

24 – Teetrinken fürs Klima?

Tee verbraucht beim Anbau weniger Wasser und vor allem auch viel weniger Fläche als Kaffee. Außerdem ist die Verarbeitung viel weniger energieintensiv – unabhängig davon, ob man schwarzen Tee aus Asien oder Früchtetee aus Europa bevorzugt.

- Auch beim Tee gibt es Unterschiede: Biotee ist besser als konventioneller, schon wegen des Themas Pestizide.

- Der Transport fällt angesichts des geringen Gewichts von Tee proportional kaum ins Gewicht – deshalb ist die Ökobilanz von heimischen Kräutertees und indischem Darjeeling ähnlich.

- Loser Tee aus Großverpackungen ist viel besser als Beuteltee aus einem zusätzlich noch in Plastik eingeschweißten Karton – übrigens auch qualitativ. Was in Teebeuteln landet, ist oft der Ausschuss …

- Schon ein kleiner Schuss Milch trübt allerdings nicht nur den Tee, sondern vor allem auch seine ansonsten gute Ökobilanz.

- Der größte Umweltfaktor beim Tee ist die Zubereitungsweise des Wassers. Dazu mehr bei Eco Hack Nr. 73

25 – Warum sich Fairtrade auch für uns lohnt

Ich kann mich noch gut an die Anfänge erinnern: Fairtrade kaufen bedeutete in den Siebzigern oft weniger feine Produkte in weniger hübschen Geschäften. Heute ist das anders: Lebensmittel mit Fairtrade-Siegeln gibt es sogar im Supermarkt, ihre Qualität ist oft höher, und etwas Gutes tut man auch noch. Kleinbauern erhalten einen garantiert kostendeckenden Preis für ihre Waren, auch dann, wenn die Weltmarktpreise schwanken. Langfristige Handelsbeziehungen, zusätzliche Entwicklungsprojekte ... an sich eine gute Sache!

- In vielen Orten gibt es kleine Initiativen, etwa unter dem Dach von Kirchengemeinden, die gezielt bestimmte Projekte unterstützen. Auch ohne Siegel findet man hier verlässliche Transparenz. Und ehrenamtliches Engagement, das Unterstützung verdient.

- Wenn wir durch unser Einkaufsverhalten kleinbäuerliche Strukturen in Übersee stützen, leisten wir einen Beitrag zur Vermeidung von Fluchtursachen.

Diesen Siegeln können Sie trauen:

- Das Fairtrade-Siegel ist sehr vertrauenswürdig, mit strengen Anforderungen an die Produzenten. Bei den ökologischen Kriterien ist Fairtrade eher schwach – Bioanbau gehört nicht zum Konzept.

- GEPA fair+ ist weniger verbreitet, mit etwas strengeren Kriterien im Vergleich zum Fairtrade-Siegel.

- Naturland fair: Zeichen des Naturland-Bioanbauverbandes, das noch höhere Anforderungen an die gelabelten Produkte stellt, sowohl im sozialen als auch im ökologischen Bereich, zum Beispiel bei Kaffee, Tee, Gewürzen und Bananen, aber auch heimischen Waren wie Milch, Gemüse, Getreide und Wein.

- Rapunzel Hand in Hand: Zeichen des Bioanbieters Rapunzel, das fair gehandelte Ware kennzeichnet, in den Kriterien ähnlich wie Naturland.

- UTZ und Rainforest Alliance: besser als nichts, aber keine echten Siegel für fairen Handel. Die Organisationen zahlen etwa anders als Fairtrade keine Mindestpreise.

26 – Besser grillen

95 Prozent der klimarelevanten Emissionen bei einem typischen Grillfest gehen aufs Konto dessen, was *auf* dem Grill liegt. Aber da Sie diese Lebensmittel ja im Zweifel auch ohne Grill gegessen hätten, verschlechtert sich der ökologische Fußabdruck kaum, wenn Sie Ihr Essen unter freiem Himmel auf dem Grill zubereiten statt in der Küche auf dem Herd.

- In erster Linie hängt die Ökobilanz des Grillabends vom Grillgut ab: Bioware ist besser als konventionelle, Gemüse besser als Fleisch und Schwein besser als Rind. Grillkäse ist auch ein ziemlicher Klimasünder.

- Alles, was Sie hinterher wegwerfen, ist schlecht für die Ökobilanz: Alugrillschalen, Folie zum Abdecken oder womöglich der ganze Grill.

- Die Ökobilanz von Gas- und Elektrogrills fällt erheblich günstiger aus als die von Holzkohlegrills. Am ökologischsten grillen Sie elektrisch mit Ökostrom.

- Achten Sie beim Grillkohlekauf auf die Herkunft der Holzkohle. Das FSC-Siegel liefert einen Hinweis, ob das Holz nachhaltig gewonnen wurde. Am besten nur Kohle kaufen, für die eindeutig angegeben wird, woher das Holz stammt und ob seine Gewinnung ökologisch einwandfrei war.

MÜLL – WENIGER IST IMMER MEHR!

Meine Freundin Bettina macht aus jedem Strandspaziergang eine gute Tat. Sie hat immer eine Mülltüte dabei und sammelt alles auf, was ihr an Plastikstrandgut vor die Füße fällt. Toll und nachahmenswert, aber im Grunde auch sehr traurig. Wie viel besser wäre es, wenn wir einfach insgesamt weniger Müll verursachen würden!

Stattdessen sind gerade wir Deutschen Abfall-Europameister: Die Menge, die bei uns pro Kopf anfällt, liegt fast 150 Kilo über EU-Durchschnitt. Bei Verpackungen ist Deutschland sogar Spitzenreiter. Und gerade hat eine Analyse im Auftrag des Umweltbundesamtes gezeigt, dass wir nicht nur zu viel wegwerfen, sondern unseren Müll auch noch falsch trennen.

Bei den nächsten 17 Eco Hacks geht es um Öko-Mythen, um einfache Tricks und um die Frage, wie wir es schaffen, weniger und weniger problematischen Müll zu hinterlassen.

27 – Die gute Einkaufstüte

Hier ist in den letzten Jahren schon viel Gutes passiert, dank einer Gesetzgebung, die Plastiktüten teuer macht oder in manchen Ländern sogar ganz verbietet. Wer seine Einkäufe plant, hat es hier leichter, der nimmt einfach seinen Einkaufskorb von zu Hause mit. Aber auch Spontankäufer wie ich haben eigentlich keine Ausrede!

🌿 Ein kleiner Einkaufsbeutel, handlich zusammengefaltet, passt im Zweifel sogar in eine enge Jeanshosentasche und sollte einfach immer im Gepäck sein.

🌿 Den kann man übrigens nicht nur im Supermarkt verwenden, sondern auch beim Klamotten- oder Schuhe-Shoppen. Und Ihre neue Bluse schafft es bestimmt auch ohne eine Schicht Seidenpapier heil nach Hause. Und falls Sie das Seidenpapier aber nun mal so hübsch finden: Vielleicht bekommt es noch ein zweites Leben als Geschenkpapier?

🌿 In der Herstellung ist die Ökobilanz von Papiertüten und Stoffbeuteln viel schlechter als die von Plastiktüten. Deshalb müssen sie oft verwendet werden. Die Papiertüte, die gleich anschließend als Altpapierbehälter verwendet und entsorgt wird, ist also eine Milchmädchenrechnung. Über die genaue Zahl sind sich Forscher uneins. Sie liegt bei Stoff bei mindestens 20 und bei Papier bei mindestens 8 Malen, bis sie mit der einmal verwendeten Plastiktüte gleichzieht.

🌿 Als Abfalltüten sind alle Tüten aus dem Supermarkt zu schade, ob aus Plastik oder Papier. Aber wenn sie doch im Müll landen, ist es wichtig, sie korrekt dem Recycling zuzuführen – wenn Sie die Einkaufstüte für Ihren Restmüll verwenden, wird sie sicher verbrannt.

🍀 Tüten aus recyceltem Plastik sind besser als die angeblich verrottenden Beutel aus kompostierbarem Plastik – das ist leider ein Mythos. Kompostierbares Plastik wird in Sortieranlagen nicht erkannt, und für Biomüll verrottet es viel zu langsam.

🍀 Papiertüten sind überhaupt nur dann eine gute Lösung, wenn sie komplett aus recyceltem Material bestehen (das steht dann oft drauf) *und* mehrfach verwendet werden.

28 – Obst und Gemüse sicher nach Hause bringen

Laut Bundesregierung dienen die so genannten Hemdchenbeutel im Supermarkt der Hygiene und verhindern Lebensmittelverschwendung und sind deshalb von einem Verbot ausgenommen, das seit einiger Zeit für dünne Plastiktüten gilt. Warum, erschließt sich mir nicht so ganz. Denn auch ohne diese Beutel lassen sich Obst und Gemüse einkaufen – ging früher ja auch …

🍀 Alles, was eine ordentliche Schale hat, braucht keinen Beutel! Alles, was Sie eh waschen, ebenfalls nicht.

🍀 In vielen Supermärkten gibt es mittlerweile wiederverwendbare Beutel zu kaufen. In manchen Läden sind die Waagen darauf sogar geeicht, und man kann das Gewicht beim Wiegen abziehen.

🍀 Noch ökologischer sind natürlich Beutel aus wiederverwertetem Material, Stichwort Upcycling. Im Internet gibt es zahlreiche Nähanleitungen, die so simpel sind, dass das auch Handarbeitsmuffel können.

🍀 Das Münchner Start-up »Rebeutel« vertreibt seine Gardinenbeutel über zahlreiche Lebensmittel-Einzelhändler und nimmt gerne Stoffspenden entgegen – eine sinnvolle Alternative zu gewerblichen Altkleidersammlungen.

29 – Die beste Verpackung für Obst und Gemüse

Ein typisches Einkaufsdilemma: Die Biogurke ist in Plastik eingeschweißt, die konventionelle daneben nicht. Hintergrund ist, dass Händler auf diese Weise Betrug verhindern wollen, damit Sie nicht heimlich an der Kasse die Biogurke als billigere konventionelle Ware durchschmuggeln. Also was nun? Nachhaltige Landwirtschaft oder Abfallvermeidung?

Ganz ehrlich? Weder noch! Wenn Sie Ihr Biogemüse in einem Laden kaufen, der ausschließlich Erzeugnisse aus ökologischer Landwirtschaft vermarktet, braucht der Händler keine Plastikhüllen, um Schummelei an der Kasse zu unterbinden. Ein weiterer Grund für Plastikverpackungen: Wasserverlust vermeiden und Ware frisch halten. Doch auch dafür gibt es eine einfache Lösung:

🍀 Kaufen Sie Obst und Gemüse wenn möglich regional ein, und zwar dann, wenn es Saison hat. Die Gurke aus dem Nürnberger Knoblauchsland, die ich auf dem Wochenmarkt bei mir im Viertel kaufe, hat auch ohne schützende Plastikhülle deutlich weniger Gelegenheit, zu Biomüll zu werden, als die spanische Gurke, die schon auf ihrer langen Reise anfängt zu schrumpeln und deshalb eine luftdichte Verpackung benötigt.

🍀 Vereinzelt findet man im Handel mittlerweile Produkte mit einer essbaren Schutzhülle namens Apeel. Sie besteht aus pflanzlichen Ölen aus Traubenkernen und Traubenschalenresten – Pressabfälle aus der Saftproduktion sinnvoll verwertet. Im Moment in Europa nur für Früchte mit nicht essbarer Schale zugelassen, aber in den USA auch schon für Gurken oder Erdbeeren. Die Beschichtung verdoppelt die Haltbarkeit.

❦ Machen Sie Ihren Händlern Dampf! Wir Kunden haben viel mehr Einfluss, als uns oft bewusst ist. Was glauben Sie, warum die großen Ketten plötzlich Geld für die Erforschung von Laserkennzeichnung für Bioware ausgeben? Weil sie oft genug von ihrer Kundschaft für die Plastikfluten gebasht worden sind. Also dranbleiben!

30 – Wertstoffe richtig wegwerfen

Wie eingangs schon geschrieben: Wir Deutschen sind viel schlechtere Wegwerfer, als wir immer dachten – hielten wir uns in dem Bereich doch immer für weltmeisterlich! Es ist aber auch komplex: Knapp die Hälfte der eingesammelten Verpackungen ist so kompliziert zu sortieren oder zu verwerten, dass sie trotzdem in der Müllverbrennung landet. Aber das bedeutet im Umkehrschluss, dass immerhin etwas mehr als die Hälfte recycelt wird – das Glas ist also halb voll … Und wir können unseren Beitrag leisten:

🍀 Gut verwertbar ist alles, was nur aus einer Sorte Material besteht. Überall da, wo Metall *und* Plastik oder verschiedene Plastiksorten verklebt sind, wird es schwierig. Deshalb so viel auseinanderreißen wie möglich. Das gilt übrigens auch für Wurst- oder Schinkenverpackungen, bei denen die Oberseite dünner und flexibler ist als die Unterseite: Unbedingt getrennt entsorgen!

🍀 Joghurtbecher muss man vor dem Entsorgen spülen? Nein! Im Gegenteil: Durch das Spülen, womöglich noch mit heißem Wasser, zerschießen Sie sich die Ökobilanz wieder. Wichtig ist allerdings, dass Verpackungen »löffelrein« sind, also nicht noch halb voll. Und Sie machen Sortieranlagen das Leben schwer, wenn der Deckel noch am Joghurtbecher hängt.

🍀 Das deutsche Verpackungsgesetz sieht eine sogenannte haushaltsnahe Sammlung und Entsorgung von gebrauchten Verkaufsverpackungen vor – bekannt unter dem Namen »Duales System«. Leichtverpackungen aus Kunststoffen, Metallen sowie Getränkekartons werden in vielen Haushalten im Gelben Sack eingesammelt. In einigen Kommunen, vor allem in Süddeutschland, müssen wir stattdessen solche Verpackungen in den Wertstoffhof oder zum Wertstoffcontainer bringen. Auch dann, wenn Metall und Kunststoff im gleichen Behälter landen, bitte trotzdem immer Stoffe getrennt einwerfen!

- In die leere Chipstüte keine weiteren kleinen Müllteile hineinpacken – genau diese Art Verpackungsmüll landet im Zweifel in der Müllverbrennung, weil diese Art Feinmotorik keine Sortieranlage leisten kann.

- Plastikmüll zu sammeln kann ja zu einer echten Obsession werden. Allerdings wird in der Praxis vieles gar nicht recycelt: Dünne Folien etwa oder dünne Plastiktüten wandern aus der Wertstoffsammlung direkt in die Müllverbrennung. Ihre benutzte Frischhaltefolie können sie also genauso gut direkt in die Restmülltonne werfen. Gut recycelbar sind alle Flaschen, Becher, Plastikdosen und Verbundkartons.

- Der Hamburger Bund Naturschutz sammelt Korken und will möglichst viele der 1,2 Milliarden Flaschenkorken, die jährlich in Deutschland anfallen, sammeln und recyceln. Daraus könnten 32 000 Kubikmeter ökologisch wertvolles Dämmgranulat für den Hausbau werden. Bisher wird nur ein Zehntel des Flaschenkorks dem Stoffkreislauf zugeführt. Sammelstellen können Sie hier suchen: www.hamburg.nabu.de/umwelt-und-ressourcen/korkampagne/sammelstellen.html

31 – Altglas korrekt sortiert

Wir alle haben schon gesehen, wie Container mit mehreren Fächern auf einen Schlag in *einen* Lastwagen entleert wurden. Also alles Schwindel? Nein! Diese Lastwagen haben ebenfalls mehrere Fächer. Deshalb bitte vorsortieren.

- Gerade bei Glas lohnt sich Recycling sehr: Das Duale System Deutschland schätzt, dass wiederverwertetes Glas 30 Prozent Energie einspart.

- Grundsätzlich kann Glas umso hochwertiger weiterverwertet werden, je sortenreiner es ist. Blaues oder rotes Glas gehört in den Grünglascontainer.

- Den Deckel auf der Flasche abschrauben! Auch wenn manche Verwerter die Deckel theoretisch heraussortieren können, verursacht das unnötige Kosten. Besser extra entsorgen.

- Ausspülen verdirbt die Ökobilanz: Die Scherben aus dem Container werden ohnehin noch mal durchgespült

- Glühbirnen haben im Glascontainer übrigens nichts verloren, ebenso wenig wie kaputte Trinkgläser – deren Glaszusammensetzung ist anders und benötigt andere Schmelztemperaturen.

32 – Kompostierbare Plastiktüten

Alle Vorteile von Plastik, aber am Ende ihres Lebens verrottet sie einfach auf dem Kompost … klingt wie im Märchen, und genau das ist es leider auch. »Bio-Plastik« ist eine klassische Mogelpackung.

🌿 In aller Regel sind solche Tüten aus nachwachsenden Rohstoffen statt aus Erdöl. Diese Agro-Kunststoffe sind – auch wenn sie ein landwirtschaftliches Produkt sind – nicht automatisch kompostierbar.

🌿 Das Problem: Sie verrotten zu langsam und stören damit die Abläufe.

🌿 Die Herstellung von Kunststoff, etwa aus Mais, ist extrem energieintensiv. Damit landen dann zwar keine fossilen Brennstoffe im Endprodukt, werden aber bei der Herstellung verpulvert. Eine echte Milchmädchenrechnung!

🌿 In Kompostieranlagen sind die vermeintlich kompostierbaren Tüten auch deshalb nicht gerne gesehen, weil sie von Sortiermaschinen und selbst vom Personal kaum von herkömmlichen Plastiktüten zu unterscheiden sind.

33 – Wie aus Küchenresten Kompost wird

Hier muss man grundsätzlich unterscheiden zwischen Biotonnen, die regelmäßig geleert werden, und dem Kompost im Garten. Auf den dürfen wirklich nur unverarbeitete Lebensmittelreste wie Kartoffelschalen oder Stielansätze. Wenn dort Speisereste oder gar Fleischabfälle monatelang aufs Verrotten warten, kann das eine Art Rattenbuffet werden.

🌱 Eine gut schließende Biotonne, die einmal in der Woche geleert wird, ist kein Problem – da sind Essensreste am richtigen Ort.

🌱 Kompostierbare Tüten dürfen, siehe letztes Kapitel, keinesfalls in den Biomüll, weil sie viel zu langsam verrotten. Falls Sie einen Komposthaufen im Garten haben: Probieren Sie es mal. Sie werden staunen …

🌱 Was in Maßen hineindarf, sind Tüten aus unbeschichtetem Papier, Eierkartons oder ungebleichte Kaffeefilter. Ich nehme leere Eierkartons beim Kochen gerne als Zwischenlager für meine Küchenabfälle und entsorge dann alles auf einmal im Biomüll.

🌱 Je feuchter der Biomüll, umso schneller fault alles. Eine Schicht Zeitungspapier am Boden ist deshalb eine gute Idee, zum Aufsaugen.

🌱 Ich gebe ehrlich zu: Mir ist der Gedanke an Würmer in Wohnräumen unsympathisch. Aber ich kenne Etagenwohnungsbewohner, die ganz begeistert sind von ihrer Wurmkiste, mit deren Hilfe auch Großstädter ihren eigenen Kompost erzeugen können.

34 – Papier als Wertstoff

Gerade weil es überall Recyclingtonnen gibt, haben wir uns einen sehr sorglosen Umgang mit dieser Ressource angewöhnt. Dabei ist die CO_2-Bilanz bei der Herstellung besonders schlecht. Jeder zweite Baum, der weltweit gefällt wird, landet nach Erkenntnissen des WWF in der Papierherstellung. Oft sind es Urwälder, die verschwinden, damit wir anschließend E-Mails unnötigerweise ausdrucken können. Papierherstellung ist außerdem relativ ressourcenintensiv – man braucht neben Holz viel Wasser und Energie. Am ökologischsten ist immer das Papier, das Sie gar nicht erst verbrauchen.

- Im Zweifel immer zu Altpapier greifen. Der Blaue Engel ist hier ein verlässliches Siegel für Produkte, die zu 100 Prozent aus recyceltem Papier stammen.

- Schulhefte sollten grundsätzlich aus Altpapier sein.

- Mit einem »Keine Werbung«-Aufkleber am Briefkasten vermeiden Sie die Prospektflut, die ja eh nur im Altpapier landet, und erziehen langfristig die Versender.

- Haben Sie Ihre Hotelrechnung schon mal mit der Post verschickt? Nein? Wozu benötigen Sie sie dann in einem Umschlag?

- Drucken Sie nur das aus, was Sie *wirklich unbedingt* auf Papier brauchen. Der Charme des digitalen Büros sollte doch eigentlich seine Digitalität sein, oder?

🍀 Bei Toilettenpapier und Küchenrollen ist die Verwendung von Recyclingpapier besonders wichtig, weil sich diese Papierarten aus naheliegenden Gründen nicht mehr wiederverwerten lassen.

🍀 Klopapierrollen sind eine sehr praktische Aufbewahrungsmöglichkeit für herumfliegende Handyladegeräte, USB-Kabel und Kopfhörer.

35 – Altpapier richtig sortiert

Papierfasern lassen sich bis zu siebenmal wiederverwenden, bevor sie zu kurz sind, um ein weiteres Leben zu schaffen – deshalb ist Recycling hier so effektiv. Papier ist jedoch nicht gleich Papier. Nur einfaches Papier und Kartonagen können von der Industrie mit überschaubarem Aufwand verwertet werden. Zeitungen, Zeitschriften, Werbeprospekte, Büropapier, Eierkartons, die Mehltüte oder der Karton, in dem die Tiefkühlerbsen waren, gehören ins Altpapier.

- Wichtig dabei: Nichts einwerfen, was zu verschmutzt ist. Den Pizzakarton also nur, wenn nicht großflächig Käse am Deckel hängt. Und den Nudelkarton am besten ohne Plastikfolienfenster, auch wenn es zugegebenermaßen lästig ist, das herauszutrennen …

- Alles, was beschichtet ist, ist streng verboten. Also etwa Kaffeebecher, Backpapier, Milchkartons, Butterbrotpapier oder Tapeten.

- Außerdem fehl am Platz sind Küchenkrepp, Papierservietten, Kassenzettel (weil die meist aus Thermopapier sind, ebenso wie alte Faxe), Aufkleber, Fotos und Papierkarten mit Magnetstreifen.

36 – Papiersorten besser erkennen

Wie so oft ist auch bei Papierkennzeichnung oft Mogelpackungs-alarm.

🌿 Manche Hersteller werben damit, dass ihr Papier holzfrei oder chlorfrei gebleicht sei. Klingt irgendwie ökologischer, ist es aber nicht wirklich: »Holzfrei« bedeutet nämlich keineswegs, dass dann kein Baum gefällt wurde. Korrekt formuliert müsste es eigentlich »Holzstoff-frei« heißen. Holzstoff ist ein Papiergrundstoff, der Papier vergilben lässt. Das Wort »holzfrei« ist eine missverständliche Bezeichnung für Papier, das nicht so stark vergilbt.

🌿 Chlorfreie Bleiche ist ein Schritt in die richtige Richtung. Aber laut der Umweltorganisation Greenpeace ist chlorfrei nicht gleich chlorfrei. Oft wird Papier, das mit extrem schädlichem Chlordioxid und/oder Chlorperoxid gebleicht wurde, als chlorfrei vermarktet. Mit »chlorfrei« ist hier gemeint, dass kein elementares Chlor verwendet wurde, sondern eine Verbindung. Mehr zu umweltfreundlichem Papier unter: www.greenpeace.de/themen/waelder/schutzgebiete/ woran-erkennt-man-umweltfreundliches-papier

🌿 Das Umweltsiegel »Der blaue Engel« ist bei Recyclingpapier ein verlässlicher Indikator dafür, dass wirklich ausschließlich Altpapier verarbeitet wurde. Außerdem sind bei diesem Siegel weder Chlorbleichmittel noch Azofarbstoffe oder Bestandteile mit Quecksilber, Blei oder anderen schädlichen chemischen Stoffen zugelassen.

- Die Kriterien für das offizielle Umweltzeichen der EU, die »Europäische Blume«, sind deutlich weniger streng. Dieses Zertifikat findet man bislang meist nur auf Toilettenpapier- oder Küchenpapierpackungen.

- Der Verband der Lernmittelhersteller vergibt die Siegel »Aqua Pro Natura« und »Weltpark Tropenwald«. Damit sind die Hefte dann zwar frei von Tropenholz, dafür stammt das Holz aber oft aus den nordischen Urwäldern Russlands oder Kanadas, die ebenso schützenswert wären.

- Bei Frischpapier ist nur das Siegel des Forest Stewardship Council (FSC) verlässlich. Allerdings sind mittlerweile gleich drei Siegel des FSC im Umlauf, die sich ähneln, aber sich nicht alle auf den Herstellungsprozess beziehen. Waldschutz ist nur bei den Zertifikaten »FSC-100%« und »FSC-Recycled« gewährleistet, beim »Mix«-Zeichen dürfen 30 Prozent nicht zertifizierter Ware verwendet werden.

37 – Plastik vermeiden

Unser durch Corona gewachsenes Hygienebedürfnis hat leider zu einer Flut von Plastik geführt: Das Olivenöl beim Italiener im Plastiktütchen, das Einwegbesteck, eingeschweißte Handtücher in der Sauna … dabei ist gerade Plastik ein schwieriger Werkstoff! Weil es oft aus Erdöl hergestellt wird, schon mal schlecht, und weil es praktisch unkaputtbar ist, noch schlechter. Vier bis sechs Prozent unseres Erdölbedarfs in Europa geht in die Kunststoffindustrie. Gerade jetzt, wo Erdöl wieder so billig ist wie lange nicht, verarbeiten Hersteller viel weniger Rezyklat.

🌿 Es ist auf jeden Fall eine gute Idee, Hersteller zu belohnen, die ihre Verpackungen möglichst weitgehend aus recycelten Materialien herstellen.

🌿 Allerdings gibt es in diesem Bereich viel Etikettenschwindel. »Ocean Plastic«, beispielsweise, ist kein geschützter Begriff und wird bei manchen Herstellern nicht aus dem Meer gefischt, sondern in einem Küstenstreifen bis 50 Kilometer ins Landesinnere aufgesammelt.

🌿 Wo Plastikvermeidung wirklich wichtig ist: im Urlaub in exotischen Gefilden. Überall auf der Welt, wo es keinen ordentlichen Verwertungszyklus gibt, wandert unser Plastikmüll mit hoher Wahrscheinlichkeit mittelfristig an den Strand oder in den Walfischbauch.

🌿 Ich erinnere noch einmal an meine Freundin Bettina, die, die Strände sauber sammeln will. Roberta, eine andere Freundin von mir, hat mich damit beeindruckt, dass sie tatsächlich bei jedem Spaziergang rund um ihr Dorf eine Plastiktüte dabeihat und alles aufsammelt, was an Plastik am Wegesrand liegt – ein kleiner Beitrag, natürlich, aber auch viele kleine Beiträge ergeben irgendwann ein Großes!

🌱 Immer schlecht zu recyceln: Verbundstoffe. Alles, was nur aus einer Sorte Kunststoff besteht, lässt sich besser wiederverwerten.

🌱 Am allerbesten sind natürlich unverpackte Waren. Wo es die aber nur in Folie gibt, etwa bei Klopapier, da greifen Sie lieber zu Großpackungen. Bei denen ist das Verhältnis von Inhalt zu Verpackung günstiger.

🌱 Wo wir gerade dabei sind: Die Plastiktüte vom Klopapier eignet sich prima als Mülltüte, etwa für den Badezimmermüll.

🌱 Und apropos Müllbeutel: Zugbänder sind praktisch, erhöhen aber sowohl die CO_2-Bilanz bei der Produktion als auch die Müllmenge. Also vielleicht doch einfach selbst knoten?

🌱 Dass Frischhaltefolie praktisch ist – kein Thema! Aber vielleicht versuchen Sie es doch mal mit Bienenwachstüchern, die es mittlerweile überall zu kaufen gibt? Und versuchen beim Einkaufen an Wurst- und Käsetheken, Ihre eigenen Verpackungen durchzusetzen? Da ist Corona-Abwehr übrigens kein Argument, es war gesetzlich die ganze Zeit weiter zulässig, mit mitgebrachten Behältern zu arbeiten!

🌱 Die ReplacePlastic-App der Initiative »Küste gegen Plastik« bietet die Möglichkeit, Hersteller anzuschreiben, wenn Sie finden, dass die Verpackung zu groß oder zu plastikhaltig ist: www.replaceplastic.de

38 – Verlässliche Mikroplastik-Siegel

Einige Handelsketten werben mittlerweile mit Siegeln, die ihren Produkten bescheinigen, frei von Mikroplastik zu sein. Klingt gut, stimmt aber leider nur so halb. Hauptproblem sind dabei die so genannten Bio-Polymere: Kunststoffe, die nicht aus Erdöl hergestellt sind, sondern etwa aus Mais. Die sich in der Natur auch nur sehr langsam abbauen und laut Deutscher Umwelthilfe eine ähnlich schlechte Ökobilanz haben wie synthetische Kunststoffe.

- »Mikroplastikfrei« von Edeka/Netto: Das Siegel orientiert sich an den Kriterien des BUND, kennzeichnet allerdings keine Mikroplastik-Bestandteile aus Bio-Kunststoffen. Zudem zertifiziert sich der Handelsriese selbst, unabhängige Kontrollen gibt es nicht.

- »Rezeptur ohne Mikroplastik« von Rossmann: Rossmann war hier Vorreiter, definiert allerdings selbst, was zu Mikroplastik zählt und was nicht – auch hier sind Bio-Kunststoffe beispielsweise nicht erfasst. Und auch Rossmann prüft sich selbst ohne unabhängige Kontrollen.

- »Flustix plastikfrei«: Ein europaweites Siegel, geprüft durch unabhängige Institute, mit regelmäßigen Nachprüfungen – im Moment das einzige Siegel, das wirklich alle Arten Kunststoffe ausschließt.

- Eine wirklich tolle Sache ist CodeCheck: Hier findet man Produktlisten aus allen Lebensbereichen, etwa mit Kosmetik, die Mikroplastik enthält. Außerdem gibt es eine kostenfreie App, mit der sich beim Einkaufen der Barcode checken lässt.

39 – Kaffee to go ohne Reue

Eigentlich erstaunlich, dass wir viele Generationen lang gar nicht bemerkt haben, wie freudlos eine Bahnfahrt ohne Kaffeebecher in der Hand ist ... Im Ernst: Als meine große Tochter nach dem Corona-Lockdown und Wochen im Homeoffice den ersten Tag wieder ins Büro fuhr, hatte sie schnell ein Aha-Erlebnis. Ihr routinemäßig mitgenommener Kaffee-to-go wurde kalt – wegen der Maskenpflicht in der S-Bahn ...

Der klimaschonendste Kaffee ist der, den wir im Sitzen trinken oder von zu Hause im eigenen Becher mitnehmen. Aber wenn es denn trotzdem sein muss:

- Die beste Lösung unter ökologischen Aspekten ist ein Pfandsystem, das funktioniert – mit möglichst vielen Ausgabestellen und einer großen Zahl von Einsätzen pro Becher. So fällt der Aufwand bei der Herstellung des Bechers kaum ins Gewicht.

- Wo es ein solches System nicht gibt, ist der eigene Mehrwegbecher die sinnvollste Alternative. Der wird am ökologischsten sauber in einer vollgeräumten Geschirrspülmaschine, die mit Ökostrom arbeitet.

- Sollten Sie Zugang zu separaten Sammelsystemen für gebrauchte Becher haben – unbedingt nutzen!

- Ein wirklich großes Problem waren Wegwerfdeckel und Plastikumrührer – ab Juli 2021 sind sie EU-weit glücklicherweise verboten.

40 – Mogelpackungen aus Bambus

Produkte aus Bambus sind neuerdings ein Renner bei ökobewussten Kunden: Was wir aus Thailand-Urlauben als prima Hüttenbaustoff kennen, geht plötzlich auch als Zahnbürstenstiel, Klopapier oder Kaffeebecher – ein wunderbarer Plastikersatz für ein gutes Verbrauchergewissen. Und irgendwie hätten wir ahnen können, dass da etwas faul ist: Denn die Bambusbecher sehen ihren Kunststoffgeschwistern viel ähnlicher als den Eckpfosten thailändischer Strandhütten.

- Bambus-Kaffeebecher müssten streng genommen Bambus-Kunststoffbecher heißen, denn dabei sind die Bambusfasern fein vermahlen und dann mit dem Kunststoff Melamin verklebt. Das ist nicht nur ein ebenso problematischer Kunststoff wie die gängigen aus Erdöl, er ist auch noch nicht hitzebeständig. Deshalb landet so schlimmstenfalls Melamin und Formaldehyd im Kaffee, beides ist gesundheitsschädlich.

- Recycelbar sind die so genannten Bambusbecher auch nicht – Fasern und Kunststoff sind untrennbar verklebt.

- Bei Bambus-Zahnbürsten kommt es drauf an … Aus Bambus geschnitzt: gut, wobei da heimisches Holz der noch bessere Werkstoff wäre. Oft sind aber auch diese Stiele aus dem Melamin-Bambusfaser-Gemisch.

- Ein Hersteller von Bambus-Toilettenpapier wirbt seit einiger Zeit großflächig in sozialen Netzwerken für sein Produkt als ökologische Alternative. Allerdings ist Klopapier aus Recyclingpapier das sehr viel umweltfreundlichere Produkt.

41 – Die beste Verpackung

… ist, kurz gesagt, gar keine. Alles, was nur produziert wird, um direkt im Müll zu landen, ist schlecht. Das gilt für Plastik noch mehr als für Papier. Denn während die Recyclingquote bei Papier ziemlich hoch ist, hapert es noch beim Plastik. Vor allem bei niedrigen Rohölpreisen ist es oft billiger Plastik aus Rohöl frisch zu erzeugen, als Recyclat zu verwenden.

- Es gibt in vielen Städten mittlerweile Geschäfte, wo man Waren wie Mehl, Nudeln oder Zucker wieder lose kaufen kann, wie einst im Tante-Emma-Laden.

- Am zweitbesten sind Mehrwegsysteme.

- Trockene Produkte lassen sich oft besser lagern. Hülsenfrüchte, zum Beispiel, lieber getrocknet kaufen und selbst einweichen, statt sie vorgekocht in Glas oder Dose zu kaufen.

- Kunststoff ist umso schlechter wiederzuverwerten, je bunter und dunkler das Material ist.

- Je kleiner die Packung, desto ungünstiger das Verhältnis von Inhalt und Verpackung.

- Dünne Joghurtbecher mit Papphülle sind im Prinzip besser als reine Plastikbecher. Voraussetzung ist aber, dass Sie wirklich diszipliniert Pappe, Plastik und Aludeckel einzeln entsorgen. Bleiben die drei Komponenten zusammen, wandern sie auch aus der Wertstoffsammlung gemeinschaftlich in die Müllverbrennung. Joghurt im Pfandglas ist eindeutig die noch bessere Wahl.

- Plastik im Recyclingkreislauf kann ganz okay sein, Plastik in der Natur keinesfalls. Wenn schon Plastik, dann korrekt entsorgen.

- Eine zentrale Rolle bei Einwegverpackungen spielt das Gewicht. Leichter ist besser.

- Verbundkartons gehören keinesfalls in den Restmüll oder gar ins Altpapier, sondern in die Wertstoffsammlung. Laut der Herstellerfirma Tetra Pak kommen die Getränkekartons separat gesammelt zum Recycling in eine Papierfabrik. Dort wird das kleingeschnittene Material mit Wasser verrührt, um die Kartonfasern von den Folien zu lösen. Diese Fasern können im Anschluss etwa zu Toilettenpapier oder Wellpappe verarbeitet werden. Die Schicht aus Polyethylen-Aluminium landet zuweilen in der Zementindustrie. Insgesamt aber bleibt immer noch viel Futter für die Müllverbrennung und ein eher hoher Energieaufwand beim Recycling. Deshalb ist eine Mehrwegverpackung immer die nachhaltigere Wahl.

- Sortenreine Verpackungen sind immer besser als ein Materialmix aus verschiedenen, schwer trennbaren Komponenten. Bei der Milch- oder Safttüte beispielsweise wäre der Verbundkarton ohne extra Ausgießer aus Kunststoff die klar bessere Wahl.

42 – Einweg oder Mehrweg?

Ganz einfache Antwort: Mehrweg ist in jedem Fall die bessere Lösung. Allerdings hat das Einwegpfand hier leider eher für zusätzliche Verwirrung gesorgt. Denn im Alltag fühlen sich beide Flaschenarten irgendwie gleich an: Beides kostet einen Aufpreis und landet im Automaten.

- Im Grunde soll das Einwegpfand vor allem dafür sorgen, dass ein möglichst großer Teil der Flaschen einem geordneten Recycling zugeführt wird und nicht unsachgemäß im Hausmüll landet. Ob 25 Cent pro Flasche da als Preis schmerzlich genug sind, ist umstritten. Da aber Wiederverwenden viel besser ist als Wiederverwerten, liegen die Mehrwegsysteme in Sachen Klimaschutz klar vorne – deren Flaschen können bis zu 50-mal wieder befüllt werden, bevor sie in der Verwertung landen.

- Mehrwegflaschen unbedingt zurückgeben – sonst zahlen die Hersteller drauf! Das Pfand deckt nicht die Kosten für die Herstellung der Getränkeverpackungen.

- Ausnahmslos alles, was Sie an Flaschen bei den Discountern kaufen, ist Einweg – nicht gut!

- Wenn eine Glasflasche weniger als 200 Kilometer transportiert und mindestens 15-mal benutzt wird, ist sie auch umweltfreundlicher als der viel leichtere Getränkekarton.

- Die sind ohnehin keine wirklich ökologische Lösung, auch wenn sie von der Einweg-Pfandpflicht befreit sind. Wenn schon Verbundkartons, dann wenigstens solche ohne zusätzliche Plastikteile, etwa Ausgießer oder Boden.

- Auch beim Vergleich von Bierdosen und Glasflaschen kommt es auf die Entfernung an: Die modernen, besonders dünnwandigen Dosen sind laut einer Schweizer Studie ab einer Distanz von 230 Kilometern besser als die Flasche – wobei auch beim Alu-Recyceln wieder viel CO_2 freigesetzt wird, was die Schweizer Forscher nicht mit einbezogen haben.

- Der Königsweg ist, sich für Mehrwegflaschen zu entscheiden, die eine möglichst kurze Reise hinter sich haben. Also nicht die Glasflasche aus der italienischen Mineralwasserquelle in Hamburg oder das französische Edelwasser in Dresden. So genannte Poolflaschen, das sind die mit dem Perlmuster aus Glas, sorgen für weniger Transportkilometer, weil sie nach der Rückgabe immer bei der nächstgelegenen Abfüllanlage landen.

- PET-Flaschen sind wegen des geringeren Gewichts in der Ökobilanz etwas besser, obwohl sie weniger oft wieder befüllt werden können.

- Laut Stiftung Warentest sind in diesen Flaschen keine Hormone oder Bisphenol A enthalten, die ins Wasser übergehen können. Sehr wohl aber Acetaldehyd, Ethylenglykol, Terephthalsäure oder Antimon – gesundheitlich unbedenklich, lässt das Wasser aber leicht süßlich schmecken, etwa wenn die Flaschen lange lagern oder in der Sonne heiß werden. Das passiert mit Glasflaschen definitiv nicht.

- Bei Milch ist es eindeutig: Die Pfandflasche schlägt bei der Ökobilanz alle Varianten. Wichtig ist hierbei wieder, dass die Milch von einer Molkerei aus der Region stammt. Und dass die Flasche braun ist: Die Vitamine in der Milch sind lichtempfindlich …

43 – Der richtige Strohhalm

Zu den Einwegprodukten, die die EU ab Juli 2021 per Verbot abschafft, gehören Plastikstrohhalme. Sicherlich eine sinnvolle Maßnahme: Allein in der EU landen jedes Jahr 36,4 Milliarden Einwegstrohhalme im Müll oder, schlimmer, irgendwo in der Umwelt. Doch auch die Alternativen zu Plastik sind nur bedingt zu empfehlen.

🍀 Bei Papierstrohhalmen gilt das Gleiche wie bei Tüten: Wenn der Halm direkt entsorgt wird, ist die Ökobilanz des Papierproduktes noch schlechter als die des Plastikhalms – auf der Habenseite bleibt nur die Tatsache, dass Papiermüll am Strand sich viel schneller zersetzt als der Plastikhalm.

🍀 Halme aus Edelstahl oder Glas müssen mindestens 20-mal im Einsatz sein, bis ihre Bilanz stimmt. Wobei ich ehrlich zugeben muss, dass ich nur so halb darauf vertraue, dass die engen Röhrchen in der Spülmaschine wirklich sauber werden.

🍀 Makkaroni werden im Netz als Öko-Alternative propagiert – aber mag ich wirklich ein Lebensmittel zum Wegwerfartikel degradieren, mal ganz abgesehen davon, dass Nudeln im Cocktail nicht sooo chic aussehen und im Zweifel schnell durchweichen? Also lieber ganz ohne!

UNTERWEGS MIT WEISSER WESTE

In kaum einem Bereich unseres Lebens wurden durch Corona die Karten so gründlich neu gemischt wie hier. Die Businessflieger mit ihren Rollkoffern, die unsere Flughäfen bevölkerten, sitzen jetzt in Videokonferenzen und bangen um ihren Vielfliegerstatus – das ist für die Umwelt ganz sicher gut. Andererseits schrecken viele vor der Enge in Bussen, Bahnen und Zügen zurück und fahren lieber wieder mit dem eigenen Auto – das ist nicht so gut, betrachtet man die Ökobilanz. Spannende Zeiten …

In diesem Kapitel geht es um die Frage, wie wir uns durch unsere Welt so bewegen, dass wir sie nicht zerstören. Wie ein Urlaub aussehen muss, der nicht nur uns Erholung verschafft, sondern auch dem Klima.

44 – Der Autoantrieb der Zukunft

Über das Drei-Liter-Auto wurde schon diskutiert, als ich 1986 meinen Führerschein gemacht habe. Mittlerweile sind die Motoren viel effizienter geworden, die Autos dafür jedoch auch sehr viel schwerer. Vollgepackt mit zusätzlicher Technik gleicht das den technologischen Fortschritt locker aus, und wir verbrauchen in der Summe trotzdem mehr Treibstoff.

- Autofahren ist nicht ökologisch. Nie. Also wägen Sie stets ab, ob Fahrten wirklich nötig sind.

- Zum heutigen Zeitpunkt lässt sich eine seriöse Aussage zum nachhaltigsten Antrieb eines Pkw kaum machen. Benzin und Diesel sind es allerdings sehr sicher nicht. Aktuelle Studien zeigen, dass die CO_2-Bilanz von Elektroautos schon heute sehr viel besser ist, als bisher angenommen wurde.

- Leider sind die CO_2-Effizienzklassen kein guter Wegweiser, weil durch die Berechnungsformel leichte Autos benachteiligt sind, auch wenn sie absolut gerechnet viel weniger Schadstoffe ausstoßen. Dadurch schlägt sogar der Kampfpanzer Leopard so manchen Kleinwagen.

- Kleinere, leichtere Autos sind im Zweifel die bessere Wahl. Und geländegängige Fahrzeuge gehören in die Hände von Förstern oder Berghüttenbetreibern, nicht jedoch nach München-Schwabing, um dort besser den Bordstein hochzukommen.

❧ Alles, was im Auto Energie verbraucht, schadet Ihrem ökologischen Fußabdruck. Besonders extrem: die Klimaanlage – sie allein verbraucht im Stadtverkehr 1,8 Liter pro 100 Kilometer. Vielleicht reicht manchmal auch ein offenes Fenster? Und brauchen Sie echt das Navi, wenn Sie Strecken fahren, die Sie kennen?

❧ Fahren Sie möglichst sparsam – das nutzt nicht nur der Umwelt, sondern auch Ihrem Geldbeutel.

❧ Fahren Sie keine Kurzstrecken, die sind besonders CO_2-relevant, weil der kalte Motor mehr Sprit braucht. Und meiden Sie Fahrten in Gegenden, wo es sowieso keine Parkplätze gibt – das ist nicht nur schlecht für die Umwelt, sondern auch für Ihre Nerven.

45 – Was ein Auto wirklich kostet

Privat-Pkw verursachen rund elf Prozent der weltweiten CO_2-Emissionen, gleichzeitig stieg die Zahl der Autos in Deutschland in den vergangenen Jahren auf rund 47 Millionen. Ein Team aus deutschen und US-amerikanischen Forschern hat kürzlich ermittelt, dass wir uns dabei oft stark verkalkulieren, was uns unser geliebter fahrbarer Untersatz tatsächlich kostet:

🍀 In dieser Studie unterschätzten die Befragten die monatlichen Kosten ihres Autos um stolze 221 Euro – das ist etwa die Hälfte dessen, was ein Auto monatlich kostet.

🍀 Größter Posten dabei ist der Wertverlust bei Neuwagen: Im ersten Jahr liegt der durchschnittlich bei 25 Prozent, im zweiten bei 15 Prozent, im dritten bei zehn Prozent, ab dem vierten Jahr bei fünf Prozent und ab dem elften Jahr nur noch bei einem Prozent.

🍀 Doch auch die Kosten für Steuern und Versicherung scheinen wir gerne zu verdrängen, wahrscheinlich weil sie nur einmal im Jahr anfallen.

🍀 Im Internet wimmelt es von Kostenvergleichen zwischen dem gefahrenen Auto- und Bahnkilometer. Schon wegen der diversen Spartarife der Bahn lässt sich das kaum seriös berechnen. Aber unter 35 Cent pro Kilometer geht das Auto nie durchs Ziel. Autofahren ist also nicht nur umweltschädlicher, sondern auch fast immer teurer als die Fahrt mit dem Zug.

46 – Bye, bye SUV

Sicher kennen Sie, wie ich, zahlreiche SUV-Besitzer, die sehr überzeugend darlegen können, wie unfassbar sauber ihr Fahrzeug ist, dank modernster Technologie. Doch ganz abgesehen davon, dass SUVs oft größere Außenmaße mit weniger Platz innen verbinden und für andere Verkehrsteilnehmer gefährlicher sind als ihre normalen Vergleichsmodelle: Unter Klimaaspekten sind SUVs leider indiskutabel.

- Bei einer Fahrleistung von etwa 20 000 Kilometern im Jahr stößt ein SUV zwischen 400 und 800 Kilogramm mehr CO_2 aus als sein nicht geländegängiger Bruder. Eigentlich darf jeder Erdbewohner nicht mehr als etwa drei Tonnen CO_2 pro Jahr verursachen, wenn wir die Klimakatastrophe verhindern wollen. Da sind schon 400 Kilogramm hin oder her ziemlich viel.

- Durchqueren Sie ab und zu einen Fluss, auf dem Weg zum Einkaufen? Oder müssen Sie Ihre Berghütte auch bei Schneefall erreichen? Nein? Dann brauchen Sie vielleicht auch kein geländegängiges Auto?

- Fast immer zahlen Sie übrigens eine höhere Versicherungsprämie – unter anderem, weil die Boliden bei Dieben besonders populär sind.

47 – Das bringt ein Tempolimit

Noch so ein Thema, das schon zu meinen Führerscheinzeiten heiß debattiert wurde. Über drei Jahrzehnte später gibt es erstmals eine Mehrheit in Deutschland für Tempo 130 auf Autobahnen. Fürs Klima eine gute Nachricht, allerdings eher in der »Kleinvieh macht auch Mist«-Liga.

❧ Das österreichische Umweltbundesamt hat berechnet, wie sich verschiedene Geschwindigkeiten auf den CO_2-Ausstoß auswirken:

- ❧ Tempo 100   138 g/km

- ❧ Tempo 130   154 g/km

- ❧ Tempo 140   170 g/km

❧ Langsamer ist demnach ziemlich offensichtlich besser fürs Klima. In der Summe ist der Effekt allerdings nicht so groß: In Deutschland wären es schätzungsweise 2 Mio. Tonnen CO_2 im Jahr – das wäre ein Zwanzigstel des CO_2-Abdrucks von Pkws und leichten Nutzfahrzeugen.

❧ Der Kreis der Länder ohne Tempolimit ist ein etwas schräger exklusiver Zirkel: Afghanistan, Bhutan, Burundi, Haiti, Mauretanien, Myanmar, Nepal, Nordkorea, Somalia, Vanuatu und der indische Bundesstaat Uttar Pradesh. In Europa kommt noch die Isle of Man dazu, aber die ist auch nur gut 30 Kilometer lang.

❧ Für die Verkehrssicherheit bringt ein Tempolimit laut Forschern nicht so viel – Autobahnen sind auch jetzt schon im Vergleich die sichersten Straßen.

48 – Mit Elektroantrieb sauberer fahren

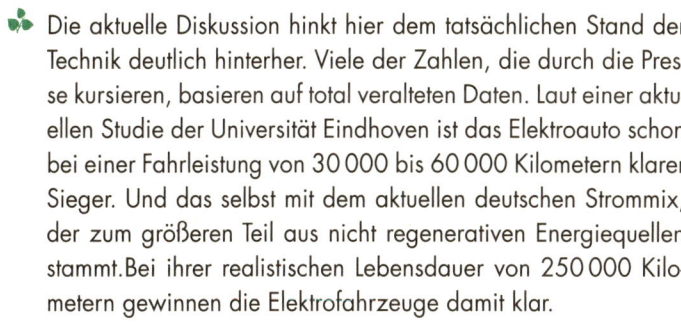

Die Diskussion um den richtigen Autoantrieb hat mittlerweile fast schon religiöse Züge. Für unsere Bundesregierung scheint die Frage klar, sie setzt auf Elektromobilität, belohnt diese mit Prämien und baut die Lade-Infrastruktur aus. Trotzdem hält sich hartnäckig die These, dass E-Autos in Wahrheit totale Umweltsünder sind, wegen der miesen Bilanz bei der Herstellung.

Nun konkurrieren hier seit über 100 Jahren optimierte Verbrennungsmotoren inklusive langjährig gewachsener Infrastruktur mit noch sehr neuen Technologien, mit entsprechenden Kinderkrankheiten und viel schlechterer Versorgungslage. Wer gewohnt ist, mit einer Tankfüllung 600 Kilometer zu fahren und jederzeit tanken zu können, weil an jeder Ecke eine Tankstelle wartet, wird mit einem Elektrokleinwagen, der nach 100 Kilometern für eine ganze Nacht an die Steckdose muss, unzufrieden sein. Wer in der Stadt in einer Mietwohnung wohnt, findet es doof, wenn er drei Straßen weiter parken muss, weil da der städtische Stromladeparkplatz ist. Doch unter Ökoaspekten ist der Umstieg sinnvoll:

Die aktuelle Diskussion hinkt hier dem tatsächlichen Stand der Technik deutlich hinterher. Viele der Zahlen, die durch die Presse kursieren, basieren auf total veralteten Daten. Laut einer aktuellen Studie der Universität Eindhoven ist das Elektroauto schon bei einer Fahrleistung von 30 000 bis 60 000 Kilometern klarer Sieger. Und das selbst mit dem aktuellen deutschen Strommix, der zum größeren Teil aus nicht regenerativen Energiequellen stammt.Bei ihrer realistischen Lebensdauer von 250 000 Kilometern gewinnen die Elektrofahrzeuge damit klar.

- Mit jedem Kilometer mehr verbessert sich die CO_2-Bilanz der Elektroautos. Deshalb sind Elektroautos wenn überhaupt, dann nur als Haupt-Familienfahrzeug geeignet und nicht als Cityflitzer-Zweitwagen.

- Fährt ein Elektroauto zu 100 Prozent mit Ökostrom, verbessert sich seine CO_2-Bilanz noch mehr.

- Batterien von Elektroautos halten meist weniger lange als das Auto drum herum: Nach acht bis zehn Jahren lässt ihre Leistung deutlich nach. Gesetzlich müssen diese Batterien recycelt werden. Noch klimafreundlicher ist es, ihnen zunächst ein »zweites Leben« zu gönnen und sie unter weniger leistungsfordernden Bedingungen weiterzuverwenden, etwa als Heimspeicher für Solarstrom. Die TU München forscht an solchen Modellen.

- Was leider keine wirklich gute Alternative ist: Hybrid-Autos, die zwischen Elektro- und Benzin- oder Dieselantrieb wechseln können. Sie bieten mehr Bequemlichkeit, wegen ihrer größeren Reichweite, liegen aber in Sachen Ökobilanz weit hinter reinen Elektroautos.

49 – Benzinsparend im Auto unterwegs

Also gut, Sie wollen oder müssen einfach Auto fahren. Okay, dann versuchen Sie vielleicht wenigstens, das im Sinne der Umwelt besonders benzinsparend zu tun?

- Die größte Umweltsünde sind Kurzstrecken: Erst nach vier Kilometern ist der Motor betriebswarm und der Verbrauch auf Normalniveau. Vorher können es bis zu 40 Liter pro 100 Kilometer sein. Deshalb kurze Strecken lieber zu Fuß oder mit dem Fahrrad zurücklegen.

- Fahren Sie im unteren Drehzahlbereich, mit maximal 2 000 Umdrehungen, im größtmöglichen Gang. Kaum ein Hersteller gibt öffentlich an, was das ausmacht, außer Porsche – dafür ist die Zahl da auch besonders eindrucksvoll: Im zweiten Gang benötigt ein Porsche 911 Carrera bei 50 Stundenkilometern 15,1 Liter, im sechsten Gang sind es nur 6,2 Liter.

- Viele haben es in der Fahrschule anders gelernt, aber außer an steilen Hängen brauchen die Bremsen keine Hilfe von der Motorbremse. Also lieber aufs Bremspedal steigen, statt das Auto durch Runterschalten zu verlangsamen!

- Moderne Autos haben eine Abschaltautomatik für den Motor. Alle anderen sollte man ab zehn Sekunden Wartezeit ausschalten.

- Ein großer Stromfresser ist, wie schon erwähnt, die Klimaanlage. Aber auch die Heckscheibenheizung haut rein: im Stadtverkehr mit etwa 0,4 Litern pro 100 Kilometer.

- Auch der richtige oder sogar geringfügig erhöhte Reifendruck spart Benzin!

❧ 100 Kilo Mehrgewicht kosten einen halben Liter mehr auf 100 Kilometern, besonders schlimm als Dachgepäck. Drei Fahrräder auf dem Dach bedeuten bei Tempo 100 einen Mehrverbrauch von vier Liter auf 100 Kilometer. Aerodynamisch besser sind Fahrradträger fürs Heck.

❧ Ein unbeladener Skihalter erhöht den Verbrauch eines Mittelklassewagens um etwa einen Liter. Deshalb gehört die Dachbox nach den Ferien in den Keller!

❧ Die durchschnittliche Parkplatzsuche in Deutschland ist 4,5 Kilometer lang und schlägt mit 1,3 Kilogramm CO_2 zu Buche. Experten schätzen, dass fast ein Drittel des innerstädtischen Verkehrs für die Suche nach einem Parkplatz draufgeht. Dann vielleicht lieber direkt ins Parkhaus?

50 – E-Scooter, umweltfreundlich eingesetzt

Meine stille Hoffnung war ja, dass sich dieses Verkehrsmittel zügig von alleine wieder abschafft. Aber noch immer stehen die Roller bei mir im Viertel fast an jeder Ecke. Das Problem dabei: Laut Umfragen nutzen lumpige acht Prozent der Befragten die Flitzer für Strecken, für die sie andernfalls ein Auto genutzt hätten.

- ✤ Eigentlich muss man es nicht erwähnen: Laufen ist selbstverständlich umweltfreundlicher, Fahrradfahren ebenfalls.

- ✤ Auch öffentliche Verkehrsmittel haben ausnahmslos eine bessere Ökobilanz als E-Scooter und auch als die zweisitzigen E-Roller, die manche Sharing-Anbieter vermieten.

- ✤ Die wirklich einzige Nutzungsweise, wo E-Scooter und -Roller ökologisch sinnvoll sind, findet da statt, wo sie Fahrten im Auto ersetzen.

- ✤ Die typische Nutzungsdauer von E-Scootern beträgt gerade mal vier Monate, danach sind die Roller teurer Schrott, wegen Verschleiß und Vandalismus.

- ✤ Noch ein negativer Umweltfaktor: die so genannten »Juicer«. Das sind Menschen, die nachts mit Lieferwagen E-Scooter einsammeln, laden und wieder über die Stadt verteilen ... Benzin verfahren, um Elektromobilität zu erzeugen – klingt nach einem Schildbürgerstreich erster Güte!

51 – Fliegen ohne schlechtes Öko-Gewissen

Ganz ehrlich? Das funktioniert leider nicht … Der Flugmarkt könnte einer der Bereiche werden, die durch die Corona-Krise am nachhaltigsten verändert werden, im wahrsten Sinne des Wortes. Gut, wenn die Zeit der Schnäppchenflüge vorbei ist!

- Fliegen ist die am wenigsten klimafreundliche Art, sich fortzubewegen. Deshalb vor wirklich jedem Flug darüber nachdenken, ob die Nachteile in Sachen Ökobilanz die Vorteile aufwiegen.

- Je mehr Menschen im gleichen Flugzeug sitzen, desto besser die Klimabilanz pro Kopf. Deshalb sind Economy-Flüge weniger klimaschädlich als ein Platz in der Business Class.

- Wer auf seinen Flug nicht verzichten möchte, sollte bei einem seriösen Anbieter in Kompensation investieren. Am besten sind Projekte mit dem »Gold Standard CER« (siehe nächster Hack).

- Direktflüge sind besser – eben weil sie die direkte Route ohne Umwege fliegen und weil jeder Start und jede Landung extra Kerosin verbrauchen.

- Wenn Sie trotz alldem nach langem Nachdenken und kritischer Prüfung der Alternativen doch ins Flugzeug steigen, dann bitte mit Genuss. Klima *und* Laune schädigen ist nun wirklich Verschwendung!

52 – Flüge richtig kompensieren

Es hat zugegebenermaßen etwas vom mittelalterlichen Ablasshandel. Wir Bewohner der ersten Welt, die wir ohnehin schon mit Abstand die meisten Treibhausgase in die Luft blasen, bezahlen Menschen in der dritten Welt fürs CO_2-Sparen …

Andererseits: Wenn man sich schon entscheidet, etwas so offensichtlich Klimaschädliches zu tun wie Fliegen, dann ist ein Ausgleich des verursachten CO_2 eine gute Sache. Dabei wird, zum Beispiel, in kleine Biogasanlagen in Indien investiert, wo Ernteeste und Kochabfälle zur Stromerzeugung genutzt werden. Oder in energieeffiziente Kochherde in Afrika, um die Menschen dort davon abzuhalten, ihre Wälder zu Brennholz zu machen.

🍀 Der Preis pro kompensierter Tonne liegt zwischen 5 und 23 Euro. Diese Spanne klingt nach Abzockerei, hat aber zu tun mit den sehr unterschiedlichen Projekten: Es ist viel kostspieliger, ein deutsches Moor zu renaturieren, als in Afrika Kocher anzuschaffen. Bei Marktführer Atmosfair kostet der Ausgleich eines Hin- und Rückflugs von Frankfurt nach Athen 16 Euro.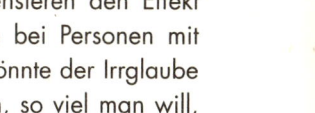

🍀 Der Haken beim Kompensationsgeschäft: Die Emissionen werden damit nicht ungeschehen gemacht.

🍀 Umweltexperten befürchten beim Kompensieren den Effekt der »moralischen Lizensierung«: Gerade bei Personen mit wenig ausgeprägtem Klimabewusstsein könnte der Irrglaube entstehen, man kann bedenkenlos fliegen, so viel man will, solange man diese Flüge nur kompensiert.

- Wald aufforsten klingt toll, ist aber unter Experten als Kompensationsprojekt umstritten, weil das in den Bäumen gebundene CO_2 wieder freigesetzt würde, wenn diese Bäume dann doch zu Feuerholz werden.

- Auf der sicheren Seite ist man als Verbraucher mit Projekten, die das Gütesiegel »Gold Standard CER« tragen. Bei diesen Projekten geht es nicht nur um die Klimabilanz, sondern auch um den sozialen und ökologischen Nutzen.

- Die Zeitschrift *Finanztest* hat im Februar 2018 sechs Organisationen unter die Lupe genommen. Testsieger war Atmosfair. Klimakollekte und Primaklima bekamen ebenfalls die Note »sehr gut«, wobei die Tester bei Klimakollekte Abstriche in Sachen Transparenz machten. My Climate bekam ein »gut«, die Klimamanufaktur und Artik schnitten nur mit »ausreichend« ab und bekamen beim Punkt Transparenz sogar nur »mangelhaft«.

53 – Das ökologischste Verkehrsmittel für Reisen

Die schlechte Nachricht vorneweg: Unser Distanzbedürfnis dank Corona-Pandemie und umweltbewusstes Reisen passen leider nur dann zusammen, wenn wir uns für so abgefahrene Dinge entscheiden, wie zu Fuß den Jakobsweg zu gehen oder mit dem Fahrrad die Alpen zu überqueren. Ansonsten sorgen mehr Passagiere auf engerem Raum leider immer für die bessere Ökobilanz, wie diese Tabelle des Umweltbundesamtes verdeutlicht:

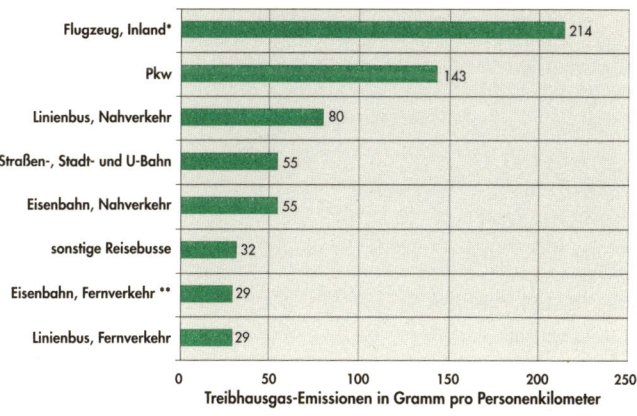

Vergleich der durchschnittlichen Treibhausgas-Emissionen einzelner Verkehrsmittel im Personenverkehr in Deutschland – Bezugsjahr 2019

Verkehrsmittel	Treibhausgas-Emissionen in Gramm pro Personenkilometer
Flugzeug, Inland*	214
Pkw	143
Linienbus, Nahverkehr	80
Straßen-, Stadt- und U-Bahn	55
Eisenbahn, Nahverkehr	55
sonstige Reisebusse	32
Eisenbahn, Fernverkehr **	29
Linienbus, Fernverkehr	29

g/Pkm = Gramm pro Personenkilometer, CO_2, CH_4 und N_2O angegeben in CO_2-Äquivalenten inkl. der Emissionen aus Bereitstellung und Umwandlung der Energieträger in Strom, Benzin, Diesel und Kerosin
* inkl. Nicht-CO_2-Effekte
** Die in der Tabelle ausgewiesenen Emissionsfaktoren für die Bahn basieren auf Angaben zum durchschnittlichen Strom-Mix in Deutschland. Emissionsfaktoren, die auf unternehmens- oder sektorbezogenen Strombezügen basieren (siehe z.B. den »Umweltmobilcheck« der Deutschen Bahn AG), weichen daher von den in der Grafik dargestellten Werten ab.

Quelle: TREMOD 6.14
Umweltbundesamt, 11/2020

    85

54 – Mit reinem Gewissen in See stechen

Noch so ein Geschäftsfeld, das durch Covid-19 ordentlich aufgemischt wurde. Und in diesem Fall zum deutlich wahrnehmbaren Nutzen der Umwelt: Städte wie Dubrovnik oder Venedig atmen auf, seit sie von den Heerscharen Tagesausflüglern von Ozeanriesen befreit sind. Im Hafen von Cagliari werden seither wieder Delfine gesichtet. Wesentlich unökologischer als mit dem Kreuzfahrtschiff kann man leider kaum reisen.

- Wenn es unbedingt eine Kreuzfahrt sein soll, weil Sie davon nun mal schon Ihr Leben lang träumen: Informieren Sie sich darüber, wie Ihr Traumschiff angetrieben wird – Flüssiggas ist viel besser als Schweröl.

- Auf der Homepage des Naturschutzbundes NABU gibt es jährlich ein detailliertes Umwelt-Ranking der großen Kreuzfahrtanbieter.

- Auch der CO_2-Fußabdruck von Kreuzfahrten lässt sich kompensieren, etwa bei Atmosfair. Die Größe des Schiffes spielt bei der Berechnung übrigens nur eine sehr unwesentliche Rolle.

- Deutlich weniger umweltschädlich sind Kreuzfahrten auf Segelschiffen.

- Eine Anreise mit der Bahn oder dem Reisebus statt mit dem Flugzeug rettet die Ökobilanz Ihrer Kreuzfahrt wenigstens ein bisschen.

- Auch eine Alternative: Fahren Sie auf Frachtschiffen mit, die ohnehin verkehren. Manche großen Frachter haben sogar einen Pool.

55 – Reisemüll vermeiden

Das Lieblingsfluggetränk vieler Reisender ist besonders müllintensiv: Tomatensaft, im Plastikbecher, mit Plastikrührstäbchen, einer Serviette und dazu noch Salz und Pfeffer im Einwegbeutelchen. 1,43 Kilo Abfall hinterlässt der durchschnittliche Passagier pro Flug, laut einer Erhebung der Branchenvereinigung IATA.

Für Fluggesellschaften ist Gewicht bares Geld: Plastik-Einwegartikel sind viel leichter als Metallbesteck oder Gläser. Bei 300 Passagieren summiert sich das zu einem erheblichen Faktor. Ist der Flieger wieder am Boden, muss es schnell gehen, denn auch die Zeit im Flughafen ist teuer. Also werfen die Putzkolonnen alles in den gleichen Sack, der dann später in der Müllverbrennung landet.

🍀 Wenn Sie schon fliegen, dann bringen Sie möglichst viel an Essen und Getränken selbst mit – haben Sie in der Economy Class schon mal gut gegessen? Eben!

🍀 Gelesene Zeitungen und Plastikmüll wieder mitnehmen und im Flughafen wegwerfen – dort gibt es zumindest in Deutschland praktisch überall Mülltrennung.

🍀 Nerven Sie die Fluggesellschaften: Fragen Sie, warum nicht mehr Mehrweggeschirr und -besteck eingesetzt wird. Beschweren Sie sich über fehlende Mülltrennung. Die Luftfahrt ist ein umkämpfter Markt, nach Corona erst recht, da ist der Kundenwille vielleicht nicht gleich Befehl, aber steter Tropfen höhlt den Stein …

56 – Nachhaltig Urlaub machen

Forscher der Universität Sydney haben ermittelt, dass vor der Corona-Krise immerhin acht Prozent der globalen Treibhausgas-Emissionen aufs Konto von Urlaubsreisen gingen. Wir Deutschen sind da vorne mit dabei: Nur in den viel größeren Ländern USA und China verreisen noch mehr Menschen. Wir sind also wirklich Reiseweltmeister …

❧ Die Ferien im mittelschlechten All-inclusive-Hotel bringen der lokalen Wirtschaft meist wenig ein. Andererseits plädieren viele Experten mittlerweile dafür, Tourismus dort zu konzentrieren, wo ohnehin schon Infrastruktur ist – weil das immerhin die unberührte Natur schont.

❧ Urlaub im Wohnmobil ist nicht nur unter Pandemie-Aspekten beliebt, es ist auch eine besonders umweltverträgliche Methode zu reisen. Vorausgesetzt, alle Schlafplätze werden genutzt und die Fahrstrecke ist nicht zu lang. Je weiter die Reise geht, desto mehr fallen die schlechteren CO_2-Werte des größeren Fahrzeugs ins Gewicht.

❧ Treibhausgas-Emissionen für Übernachtungen im Sommer:

- Wohnmobil: 1,5 Kilo CO_2-Äquivalent pro Person und Tag

- Campingplatz im Zelt: 4,5 Kilo CO_2-Äquivalent pro Person und Tag

- Hotel: 17,2 Kilo CO_2-Äquivalent pro Person und Tag

❧ Es gibt mittlerweile eine Reihe von Reiseveranstaltern, die umweltbewusste Pauschalpakete anbieten. Hier finden Sie eine Analyse von 20 touristischen Nachhaltigkeitslabels: www.fairunterwegs.org/vor-der-reise/labelfuehrer/

❧ Für Hotel- und Ferienhausfreunde gibt es mittlerweile Portale, wo sich neben Lage oder Pool auch die Ökobilanz der Unterkunft ermitteln lässt: Goodtravel listet handverlesene Lieblingsplätze von zwei Berlinerinnen mit einem Faible für einen gewissen Chic, die in irgendeiner Form nachhaltig wirtschaften. Bookitgreen bietet sogar um die 700 Unterkünfte, die mindestens vier von 15 Nachhaltigkeitskriterien erfüllen müssen, und der Betreiber pflanzt nach eigenen Angaben zusätzlich einen Baum für jede über ihn gebuchte Unterkunft.

❧ Beim Forum »Anders Reisen« finden Sie Reiseanbieter, die sich der Nachhaltigkeit verpflichtet haben: www.forumandersreisen.de/ueber-uns/kriterienkatalog

❧ Das Wiener Reisebüro »Traivelling« (www.traivelling.com) hilft einem beim Buchen von Bahnreisen nach ganz Europa und Asien.

❧ Vermeiden Sie unterwegs abfallintensive Goodies: Die Einwegschlappen für die Sauna – Umweltsünde! Ein paar Badelatschen passt in *jeden* Koffer. Duschgel in Minifläschchen – viel Plastik für wenig Inhalt! Einwegflaschen in der Minibar – teuer und müllträchtig.

57 – Skiurlaub ökologisch – geht das?

Fast 15 Millionen Deutsche fahren Ski – damit sind wir die zweit-größte Skination der Welt, und da wir ja auch Reiseweltmeister sind, zieht es viele in den Weihnachtsferien in den Skiurlaub. Gleich die nächste Ökosünde? Ja, allerdings anders, als Sie vielleicht vermuten.

🍀 Was wirklich die Umweltbilanz verhagelt, sind nicht Kunst-schnee oder das Abholzen von Bergwäldern, sondern die Anreise: Etwa 85 Prozent des CO_2-Ausstoßes im Wintertourismus insgesamt gehen aufs Konto der Autofahrten ins Skigebiet.

🍀 Wer mit halbwegs gutem Gewissen Ski fahren möchte, sollte mit dem Zug in die Berge fahren.

🍀 Tagesausflüge sind für die Ökobilanz besonders fatal – mit jedem Tag, den Sie länger im Skigebiet bleiben, verteilt sich der CO_2-Ausstoß besser.

🍀 Platz und Personal sind entscheidende Faktoren: In der inha-bergeführten Frühstückspension urlauben Sie nachhaltiger als im Viersterner mit Vollpension.

🍀 Je größer der Prozentsatz der beschneiten Pisten, desto schlechter die Ökobilanz des Skigebiets. Garantierte Saison-zeiten bis zu 200 Tagen sind ebenfalls ein schlechtes Zei-chen.

🍀 Belohnen Sie Orte und Hotels, die in Nachhaltigkeit investie-ren. Skibusse mit Elektroantrieb, autofreie Dörfer, Hotels in Niedrigenergiebauweise … alles gut.

 Wer nur zehn Tage im Jahr Ski fährt, sollte Ski und Stiefel besser leihen als kaufen.

Labels und Zertifikate wie die Fair Wear Foundation, Bluesign, Responsible Down Standard und der Zusatz »PFC-frei« helfen bei der Auswahl von umwelt- und sozialverträglichen Skiklamotten. Manche Marken verwenden recyceltes Material in der Produktion von Outdoorbekleidung und Ausrüstung. Und auch Sportbekleidung lässt sich reparieren!

58 – Klimaschonend durch die Stadt

Das Umweltbundesamt hat nachgerechnet: Im Zeitraum des Corona-Lockdowns ging der Straßenverkehr in den Städten um 30 bis 50 Prozent zurück. Die an verkehrsnahen Messstationen gemessenen Stickoxid-Konzentrationen sanken im gleichen Zeitraum um 15 bis 40 Prozent. Mancherorts wurden die niedrigsten Stickoxid-Werte seit Messbeginn festgestellt. Nicht Auto fahren ist also in jedem Fall schon mal eine gute Idee!

- 10 000 Schritte am Tag sollen wir im Sinne unserer Gesundheit machen. Je mehr Sie zu Fuß erledigen, desto näher kommen Sie diesem Ziel.

- Fahrradfahren ist gut fürs Klima. Punkt. Dem ist nichts hinzuzufügen.

- Carsharing nutzt der Umwelt nur da, wo es Fahrten mit dem eigenen Fahrzeug oder Taxi ersetzt – und langfristig dazu führt, dass weniger Individualfahrzeuge unterwegs sind. Wären Sie stattdessen S-Bahn gefahren – schlecht!

- Besser ist der E-Roller, allerdings auch der nur dann, wenn Sie nicht sonst Fahrrad oder Bus gefahren wären.

- Ärgern Sie sich nicht über hohe Parkgebühren – im Zweifel ist Parken bei uns viel zu billig, gemessen an dem, was der Grund und seine Instandhaltung die Öffentlichkeit kostet.

- Ja, öffentliche Verkehrsmittel fahren zu selten, sind zu voll und zu teuer. Trotzdem: Aus Umweltsicht sind Busse und Bahnen ganz klar erste Wahl.

GRÜNE POWER

Eines muss uns klar sein: Jede Form der Stromerzeugung hat negative Folgen für die Umwelt. Windräder verschandeln die Aussicht und stören Vögel, Solaranlagen haben in der Herstellung eine miese Ökobilanz, Wasserkraftwerke verbrauchen viel Landschaft … Die Liste lässt sich beliebig fortsetzen.

Wir haben uns so daran gewöhnt, dass Energie jederzeit überall verfügbar ist. Dabei können wir mit einem etwas bewussterem Umgang mit der Ressource Strom viel bewirken und tun damit nicht nur dem Klima, sondern auch unserem Haushaltsbudget einen Gefallen. Also die Welt retten und dabei auch noch Geld sparen – eigentlich eine Win-win-Situation, oder?

59 – So komme ich zu Ökostrom

Im Grunde muss man sich unseren Strommarkt wie einen riesigen See vorstellen. Und so wie das Wasser einzelner Zuflüsse sich vermischt, so mischt sich auch der Strom aus den unterschiedlichsten Quellen. Kann also gut sein, dass in meinem Haushalt Strom aus einem Braunkohlekraftwerk durch die Leitungen fließt, obwohl ich ein Ökostromangebot eingekauft habe. Doch jeder, der seinen Strom bei einem Anbieter kauft, der auf erneuerbare Energien setzt, erhöht den Anteil des Ökostroms an der Gesamtmenge.

- Wirklich umweltverträglich ist Strom nie. Deshalb ist weniger Strom verbrauchen das oberste Gebot.

- Suchen Sie sich einen Ökostromanbieter. Die Stiftung Warentest hat zuletzt 2012 Ökostromanbieter getestet: www.test.de/Oekostromtarife-Guten-Oekostrom-waehlen-4324812-4324814/

- Neueren Datums ist der Test der Zeitschrift *Ökotest*: www.oekotest.de/bauen-wohnen/Oeko-Strom-im-Test-Das-sind-die-besten-Anbieter_111510_1.html

- Das Umweltportal Utopia hat 2019 sieben besonders sauber arbeitende Erzeuger empfohlen: www.utopia.de/ratgeber/oekostrom-tarife-vergleich/

- Wenn Sie die Möglichkeit haben, selbst Strom zu erzeugen, etwa durch ein Solarpanel auf dem Dach, leisten Sie einen wertvollen Beitrag zum Umbau unseres Energiesystems.

60 – Schlaue Technik gegen das Stand-by-Problem

Ungefähr 115 Euro kostet uns durchschnittlich der Strom, den wir gar nicht wirklich nutzen. Am meisten ins Gewicht fallen dabei Computer und Hifi-Anlagen – gerade Letztere verbrauchen in vielen Haushalten unterm Strich mehr Strom, wenn sie gar nicht genutzt werden, als während sie laufen. Moderne Fernseher hingegen verbrauchen im Stand-by-Betrieb nur noch ganz wenig Strom. Dafür sind aber die daran angeschlossenen Receiver auch im Schlummermodus große Stromfresser.

🌿 Steckdosen mit Schalter sind eine Lösung, allerdings verbrauchen auch die immer Strom, wenn auch nur wenig. Besser sind so genannte Master-Slave-Steckdosen, besonders bei PC und Fernseher: Das Hauptgerät steckt in der Mastersteckdose; erst wenn das eingeschaltet wird, bekommen Zusatzgeräte wie Drucker, Computermonitor oder Satellitenreceiver Strom.

🌿 Bei Wasch- und Spülmaschine ist tatsächlich die allerbeste Lösung, komplett den Stecker zu ziehen – bei mir, zum Beispiel, sind die Steckdosen allerdings irgendwo hinterm Gerät ... also doch die abschaltbare Steckerleiste!

🌿 Was in jedem Fall immer vom Strom ausgestöpselt gehört, wenn es nicht in Gebrauch ist, ist das Ladegerät für Handy und Co.: Vier handelsübliche Ladegeräte eingesteckt verbrauchen gemäß der Schätzung des Umweltbundesamtes übers Jahr 175 Kilowattstunden Strom – das ist der Jahresverbrauch eines größeren Kühlschranks!

🌿 Beim Umweltbundesamt gibt es eine Broschüre zum Energiesparen im Haushalt, die Sie herunterladen oder per Post be-

stellen können, mit Zahlen zum Stromverbrauch und guten Praxistipps:
www.umweltbundesamt.de/publikationen/energiesparen-im-haushalt

- Ein Hinweis auf verdeckten Stromverbrauch ist übrigens die Temperatur: Wenn Netzteile, etwa von einem Dimmer, auch nach dem Ausschalten warm sind, fließt Strom!

- Wenn Sie genauer wissen wollen, wo bei Ihnen sinnlos Strom verbraucht wird: Bei Verbraucherzentralen und Umweltverbänden kann man Strommessgeräte ausleihen und alle elektrischen Geräte überprüfen. Einfach zwischen Steckdose und den Stecker des Geräts schalten, und der Stromverbrauch wird angezeigt.

- Hängen Sie eine Zeitschaltuhr an den WLAN-Router und deaktivieren Sie ihn über Nacht oder während Sie im Büro sind.

- Achten Sie bei neuen Geräten auf den Stromverbrauch im Stand-by.

61 – Richtig Licht machen

Das Thema »Licht aus« birgt in vielen Familien ähnliches Konfliktpotenzial wie das korrekte Zudrehen von Zahnpastatuben … Seit jedoch die wirklich viel Energie verschwendenden Glühbirnen EU-weit verboten sind, bewegt sich die Energieverschwendung auf erträglichem Niveau: Eine helle LED-Leuchte, die einer klassischen 60-Watt-Birne entspricht, kommt auf etwa sechs Watt Energieverbrauch pro Stunde. Wenn ich 365 Tage im Jahr fünf dieser Lampen zehn Stunden lang in leeren Zimmern strahlen lasse, habe ich am Ende des Jahres etwa den Stromverbrauch eines modernen 300-Liter-Kühlschranks vergeudet. Die einzelne vergessene Schreibtischlampe ist also keine richtig große Ökosünde.

- Jedes Mal ein- und ausschalten verringert die Lebensdauer einer Leuchte, und da die Herstellung einer neuen Leuchte ja auch wieder Energie verbraucht, ist es eine gute Idee, die Leuchten schonend zu betreiben – also nicht alle paar Minuten ein- oder wieder auszuschalten.

- In den ersten Sekunden verbrauchen so ziemlich alle Leuchten mehr Strom als danach im Betrieb.

- Herkömmliche Glühbirnen dürfen in den Hausmüll, LEDs und Energiesparlampen nicht. Bitte unbedingt auf dem Wertstoffhof oder bei anderen geeigneten Sammelstellen entsorgen.

62 – Haushaltsgeräte kostensparend nutzen

Wenn Sie ausrechnen möchten, wie viel Strom Ihre einzelnen Geräte verbrauchen und was Sie das etwa kostet, geht das mit dieser Formel:

1. Schritt

Wattzahl des Geräts (steht in der Gebrauchsanweisung)
x tägl. Benutzung in Stunden
: 1 000 x 365 Tage
= Stromverbrauch des Gerätes in kWh pro Jahr

2. Schritt

kWh pro Jahr
x ct./kWh (müsste aus Ihrer Stromrechnung hervorgehen)
= Kosten in Cent pro Jahr

Nehmen wir mal den Wäschetrockner: Angenommen, der läuft bei Ihnen zweimal pro Woche je eine Stunde, mit einer Leistung von 3 000 Watt. Das wären umgerechnet 2 Stunden : 7 Tage = 0,29 Stunden täglich. Im Jahr macht das 318 Kilowattstunden. Bei einem Strompreis von 28 Cent/Kilowattstunde wären das 89,04 Euro für den Einsatz des Trockners – etwa 86 Cent pro Ladung.

Und hier noch ein paar grobe Richtwerte:

- Föhn: 2 000 Watt
- Spülmaschine: 2 300 Watt
- Elektroherd: 3 000 Watt
- Wäschetrockner: 3 000 Watt
- Wasserkocher: 2 200 Watt
- Mikrowelle: 800 Watt
- Kühlschrank: 120 Watt
- Gefrierschrank: 150 Watt
- Waschmaschine: 2 000 Watt
- Staubsauger: 2 000 Watt
- Notebook: 80 Watt
- PC: 200 Watt
- Fernseher: 150 Watt

63 – Wann Entsorgen die beste Lösung ist

Grundsätzlich ist reparieren nachhaltiger als wegwerfen. Funktionierende Geräte sollte man nur dann erneuern, wenn sie besonders ineffizient sind – allerdings weiß man das bei Altgeräten oft gar nicht so genau.

🌿 Das Freiburger Ökoinstitut hat im Internet eine Seite mit oft gestellten Fragen dazu erstellt, die ich wärmstens empfehlen kann, weil sie die vielen Faktoren, die hier eine Rolle spielen, sehr umfassend darstellt und klare Handreichungen liefert, bei welchem Gerät was bedacht werden muss: www.oeko.de/fileadmin/oekodoc/FAQ-Langlebigkeit-elektronische-Produkte.pdf

🌿 Bei Neugeräten keine Frage: immer zur besten Effizienzklasse greifen!

🌿 Ob sich der Austausch eines alten Gerätes lohnt, hängt immer vom Einzelfall ab. Je älter, je stromfressender und je mehr in Benutzung, desto eher: ja!

🌿 Haushaltsgeräte gehören auf den Wertstoffhof. Seit 2015 dürfen Altgeräte nur noch ins Ausland überführt werden, wenn der Exporteur nachweist, dass sie noch funktionsfähig sind. Damit sollen illegale Exporte von Elektronikschrott verhindert werden.

🌿 Ein ressourcensparender Einsatz ist mindestens so wichtig wie das richtige Gerät.

64 – Haushaltsgeräte im Energiespareinsatz

Mindestens ebenso wichtig wie der Kauf eines energieeffizienten Gerätes ist die alltägliche Benutzung im Haushalt. Schön, dass Hausarbeit heutzutage so viel weniger anstrengend ist als zu Großmutters Zeiten. Noch schöner, wenn das auch mit Blick auf einen schonenden Umgang mit Ressourcen geschieht.

- Die Größe des Kühlschranks so wählen, dass sie zum üblichen Bedarf passt – Leerflächen nehmen bei offener Tür mehr Wärme auf.

- Den Kühlschrank nicht neben Herd oder Heizung stellen – sonst muss er ständig dagegen ankühlen.

- Ein klimaschonender Kühlschrank hat ein nicht zu großes Tiefkühlfach, das zudem abgetrennt ist, mit eigener Tür.

- Warme Mahlzeiten abkühlen lassen, bevor man sie im Kühlschrank lagert.

- Beim Waschen in der Maschine mit möglichst niedrigen Temperaturen waschen, energiesparende Waschprogramme nutzen und die Waschmaschine nur voll beladen anschalten.

- Im Wäschetrockner sollten nur die Wäscheteile elektrisch trocknen, wo es für uns richtig wichtig ist – etwa, wenn Sie zwei kleine Kinder haben, die ihre Klamotten dreimal am Tag vollspucken.

- Bügelwäsche nicht stark schleudern und sofort aufhängen – vieles müssen Sie dann gar nicht mehr oder nur ganz leicht bügeln.

✔ Das Bügeleisen vor den letzten Wäschestücken ausschalten und mit der Restwärme fertigbügeln.

✔ Das Bundesumweltamt gibt in der Broschüre »Energiesparen im Haushalt« viele Tipps zum Energiesparen, übersichtlich sortiert nach Produktgruppen:
www.umweltbundesamt.de/publikationen/energiesparen-im-haushalt

65 – Batterien und Akkus sinnvoll nutzen

Noch so ein Bereich, wo den Planeten und das eigene Haushaltsbudget schonen Hand in Hand gehen: Das »Zwischenlagern« von Strom ist nicht nur immer mit Energieverlusten verbunden, sondern auch etwa 300-mal teurer als der Strom aus der Steckdose!

🌱 Alles, was in räumlicher Nähe einer Steckdose betrieben wird, sollte seinen Strom per Kabel bekommen, nicht aus einer mobilen Quelle. Auch Powerbanks liefern weniger Strom, als sie tanken.

🌱 Batterien und auch defekte Akkus sind Sondermüll – erstens sehr giftig und zweitens voller Stoffe, die sich sinnvoll recyceln lassen. Also unbedingt bei geeigneten Sammelstellen abgeben, im Handel oder beim Wertstoffhof.

🌱 In leistungsstarken Geräten wie Kameras oder MP3-Playern funktionieren Batterien und Akkus schon nicht mehr, wenn sie noch etwa 30 Prozent ihrer Kapazität haben. Fernbedienungen oder Wanduhren laufen damit noch lange weiter. Also umpacken!

🌱 Nur in Geräten mit sehr geringem Energieverbrauch – Wanduhren, Fernbedienungen, siehe oben – sind Wegwerfbatterien günstiger als aufladbare Akkus. Überall sonst ist die Öko- und die Kostenbilanz von Akkus besser.

66 – Das grünere Smartphone

48 Kilogramm CO_2-Äquivalent an Treibhausgasen gehen in einem durchschnittlichen Nutzungszyklus auf das Konto Ihres Handys – ohne Telefon- und Internetnutzung, nur fürs Gerät an sich. Zum Vergleich: Dafür könnten Sie zwei Jahre lang an jedem Werktag Ihren bösen To-go-Kaffeebecher wegwerfen. 85 Prozent davon fallen dabei schon bei der Produktion an.

- Klar ist die Kamera des neuen Modells cooler – aber den größten Gefallen tun Sie der Umwelt, wenn Sie Ihr Smartphone gebraucht kaufen und möglichst lange nutzen.

- Behandeln Sie das kleine Ding pfleglich: Akku schonend laden, Handy bruchsicher umhüllen. Und schon beim Kauf auf Modelle achten, die sich reparieren lassen.

- Apps sollten Sie immer schließen und nicht im Hintergrund weiterlaufen lassen. Viel Strom verbrauchen moderne Displays – etwas weniger hell verbessert gleich die Ökobilanz, ein dunklerer Hintergrund ist ebenfalls ein Beitrag zum Energiesparen. Und auch der Verzicht auf Vibrationsalarm, Tastentöne usw. summiert sich mit der Zeit.

- Wo immer möglich, sollten Sie WLAN statt mobilem Service nutzen – das bedeutet viel weniger Energieverbrauch und schont Ihren Akku. Wenn allerdings kein WLAN verfügbar ist, sollte die Funktion ausgeschaltet sein, sonst sucht das Gerät kontinuierlich nach Netzen und verbrät sinnlos Energie.

🌱 Ausrangierte Smartphones am besten weiterverkaufen – das ist die ökologischste Lösung. Zweitbeste Variante: Wertstoffhof. Ganz schlecht: Schublade.

🌱 Der Naturschutzbund NABU betreibt gemeinsam mit dem spanischen Telefonriesen Telefónica das Projekt »Alte Handys für die Havel«. An 440 Sammelstellen bundesweit können Sie Ihr altes Handy abgeben. Die Geräte werden aufbereitet und weiterverkauft. Und die Umweltschutzorganisation erhält von ihrem Kooperationspartner für jedes eingegangene Althandy einen Zuschuss. Der fließt in die Renaturierung der Havel.

🌱 Einmal sollten Sie noch extra Energie verbrauchen und sich eine App herunterladen, die Ihre Nutzungsdauer dokumentiert – auf mich hatte das einen enormen pädagogischen Effekt …

67 – Ökologisch unterwegs im Internet

Mit großer Selbstverständlichkeit lösen wir heute fast alle unsere Alltagsprobleme mit Schützenhilfe aus dem Netz. Doch hinter jedem harmlosen Klick steckt eine enorme Serverleistung. Allein die Netzinfrastruktur verbraucht in Deutschland im Jahr etwa 55 Terawattstunden Strom – das entspricht der Leistung von zehn mittleren Kraftwerken, nur für unseren Zugang zur digitalen Welt. Zusätzlich ist bei jeder SMS, jedem Telefonat und bei jedem Up- oder Download eines Videos im Hintergrund ein Datenzentrum aktiv, das diese Kommunikation ermöglicht und dabei Energie verbraucht.

🌿 Eine einzelne Suchanfrage scheint harmlos – in der Masse jedoch ist das ein echter Klimakiller. Pro Google-Anfrage fallen etwa 0,2 Gramm CO_2-Emissionen an. Bei fast dreieinhalb Milliarden Suchanfragen täglich summiert sich das ganz schön. Aber immerhin setzt der US-Riese nach eigenen Angaben zu 100 Prozent Ökostrom ein.

🌿 Die »grüne« Suchmaschine Ecosia tut das auch, investiert aber zusätzlich 80 Prozent ihrer Gewinne in ein Regenwald-Projekt, ähnlich wie bei Ecosearch.

🌿 Searchgreen arbeitet mit den Daten von Google, spart aber Energie, weil die Seite schwarz statt weiß ist.

🌿 Suchbegriffe als Text einzutippen benötigt viel weniger Rechnerleistung als eine Anfrage via Alexa, Cortana oder Siri – die allzeit bereiten Sprachassistenten fressen viel Energie.

✎ Internetadressen, die Sie schon kennen, nicht googeln, sondern direkt eingeben – schon wieder ein Internetvorgang weniger!

✎ Nutzen Sie E-Mails wie Briefe und nicht wie ein Chatprogramm. Ich staune oft, wie viele Mails für die Frage draufgehen, ob der andere die Mail bekommen hat. Und müssen echt immer alle CC sein?

68 – Ökosünde Streaming

Zugegeben: Ich finde es wunderbar, dass die DVD-Stapel rund um meinen Fernseher Geschichte sind. Und die fettverklebten CDs auf dem Kühlschrank in der Küche vermisse ich auch nicht. Aber Fakt ist, dass die Server und Clouds, auf denen die Musik digital lagert, viel mehr Energie verbrauchen als die Produktion und der Transport analoger Musik- und Videoquellen.

🌿 1977 hätte aufgenommene Musik ein CO_2-Äquivalent von 140 Millionen Kilogramm weltweit verursacht, 2016 waren es schon zwischen 200 und über 350 Millionen Kilogramm, und das obwohl die Musikindustrie heute nur noch etwa ein Viertel des damaligen Kunststoffs verbraucht.

🌿 Schon das Ausspielen von Musikvideos auf Youtube verbraucht im Jahr etwa so viel Strom wie die 600 000-Einwohner-Stadt Glasgow.

🌿 Die Firma Netflix war 2018 für 15 Prozent des kompletten Internet-Datenvolumens in den USA verantwortlich, mit steigender Tendenz.

🌿 Videos streamen braucht viel Energie, je besser die Auflösung, desto mehr – also alles, was Sie mehr als einmal nutzen wollen, herunterladen und dann offline genießen!

🌿 Am effizientesten und damit klimafreundlichsten ist Glasfaser, mit 2 Gramm CO_2-Äquivalent pro Streaming-Stunde, gefolgt vom Breitbandanschluss über Kupferkabel mit 4 Gramm. 5G-Mobilfunk verursacht 5 Gramm, 4G liegt schon bei 13 … also wo immer möglich WLAN nutzen!

 Macht 4K Sie extrem viel glücklicher? Na gut ... falls nicht: Vielleicht tut es auch eine niedrigere Auflösung? Und ganz besonders, wenn Sie ohnehin auf Ihrem Handy streamen. Da erkennen Sie mit bloßem Auge nicht mal den Unterschied zu SD. UHD-Qualität braucht zehnmal mehr Daten als HD!

 Ganz schlecht: Musik, die Sie schon auf CD besitzen, noch mal herunterladen.

69 – E-Book-Reader oder Buch?

Für eine Leseratte wie mich war der E-Book-Reader eine Offenbarung: endlich keine schwere Büchertasche mehr im Urlaub … Und da auch Papier ein ressourcenintensiver Wertstoff ist, ist die Ökobilanz der elektronischen Bücher gar nicht so schlecht:

- Ab zehn Büchern pro Jahr ist der E-Book-Reader gegenüber dem gedruckten Buch die ökologisch sinnvollere Variante. Bei beleuchteten Displays müssen Sie etwas mehr lesen, und deutlich mehr, nämlich 22 Bücher jährlich, wenn Sie lieber auf dem Handy oder Tablet lesen.

- Ein defekter E-Book-Reader, der sich nicht reparieren lässt, gehört auf den Wertstoffhof und nicht einfach in den Hausmüll.

- Bücher sind viel zu schade für den Müll oder das Altpapier: Viele Onlinehändler kaufen Bücher en gros auf.

- In manchen Orten gibt es öffentlich zugängliche Bücherschränke, wo man Gelesenes abliefern und so weiteren Lesern zukommen lassen kann. Auf Wikipedia finden sich »Listen öffentlicher Bücherschränke« mit Standorten – allein in Deutschland über 1 800. Und in der App »BuchschrankFinder« sind alle öffentlichen Bücherschränke im deutschsprachigen Raum aufgelistet.

- Die umweltfreundlichste Variante: öffentliche Bibliotheken. Wenn Sie dorthin dann auch noch mit dem Fahrrad fahren, machen Sie ganz sicher alles richtig!

70 – Umweltbewusst Geschirr spülen

Im Jahr 2018 besaßen über 70 Prozent der Haushalte in Deutschland eine Geschirrspülmaschine. Fast 30 Millionen Häuser und Wohnungen, in denen erbittert über die einzig richtige Art gestritten wird, wie ein Geschirrspüler einzuräumen ist. (Unter uns: Im Grunde meines Herzens bin ich mir relativ sicher, dass nur ich *genau* weiß, wie diese einzig richtige Art funktioniert, und manchmal räume ich heimlich um, wenn andere Leute meine Maschine bestückt haben, hoffe aber immer, dass ich dabei nicht erwischt werde …)

- Spülen mit der Maschine braucht im Durchschnitt 50 Prozent weniger Wasser und 28 Prozent weniger Energie als Handspülen.

- Allerdings können wir dabei immer noch viel falsch machen: mit zu hohen Temperaturen spülen, zum Beispiel. Die meisten Verschmutzungen brauchen keine 70 Grad. Und natürlich sollte die Maschine immer nur vollgeräumt laufen.

- Die meisten modernen Spülmaschinen haben ein ECO-Programm. Das dauert meistens ziemlich lange - aber genau deshalb verbraucht es weniger Energie, weil es etwa mit Einweichzeiten arbeitet und mit weniger Heizkraft trocknet.

- Vorspülen ist überflüssig! Alles, was wir unter fließendem Wasser erledigen, egal ob als Vorbereitung für die Spülmaschine oder beim Spülen von Hand, ist *der* Killer für eine gute Ökobilanz.

 Sogar zum Einräumen von Geschirrspülmaschinen gibt es eine wissenschaftliche Studie: Geschirr und Töpfe mit kohlehydrathaltigen Speiseresten gehören in die Mitte der Maschine, dort wo sie das Wasser aus den Sprüharmen möglichst direkt erreicht. Eiweißhaltiges hingegen wird an den Rändern besser sauber, weil es dabei weniger um die mechanische Wirkung des Wassers geht, sondern um die Zeit, die die Seifenlauge zum Einwirken auf die Verschmutzungen hat.

 Wer trotzdem lieber von Hand spült: auf keinen Fall unter fließendem Wasser. Die nötige Wassermenge ins Spülbecken einlassen und Spülmittelreste in einem zweiten Becken oder einer Schüssel mit klarem Wasser abspülen.

71 – Richtig waschen

Als ich vor längerer Zeit in einem Dorf an der Elfenbeinküste zu Gast war, wurde mir wieder mal bewusst, was für eine unglaubliche Erleichterung des Lebens die Waschmaschine doch ist. In dem westafrikanischen Dorf waren alle Frauen und Mädchen einen ganzen Tag mit der großen Wäsche beschäftigt, wo ich einfach nur morgens kurz einen Knopf drücke.

Andererseits verführt diese Bequemlichkeit zu Ökosünden – es geht aber auch umweltfreundlich …

- Wirklich umweltschonende Waschmittel gibt es nicht. Waschmittel belasten mit den enthaltenen Chemikalien immer das Grundwasser und können zudem Hautreizungen oder Allergien auslösen. Sie sollten darum stets sparsam dosiert werden.

- Mehr Waschmittel führt nicht zu mehr Sauberkeit, sondern nur zu mehr Öko-Sauerei und kostet Sie außerdem unnötig Geld.

- Labels wie der »Blaue Engel«, das »Europäische Umweltzeichen« oder die Charter »Nachhaltiges Waschen und Reinigen« helfen bei der Wahl umweltfreundlicherer Waschmittel.

- Im Allgemeinen ist die Ökobilanz von Waschpulver besser als die von Flüssigwaschmitteln, die die Kläranlagen mehr belasten. Außerdem ist die Verpackung von Pulver meist weniger voluminös.

- Bei Plastikverpackungen sind Nachfüllbeutel die bessere Variante. Noch besser sind Baukastensysteme, wo Sie die einzelnen Bestandteile je nach Wasserhärte und Verschmutzungsgrad gezielt dosieren können.

 113

- Weichspüler sind nicht nur eine unnötige Umweltbelastung, das aprilfrische Gefühl bezahlt man auch noch mit einer verringerten Wasseraufnahmefähigkeit der Handtücher.

- Im Winter wirkt feuchte Wäsche in der Wohnung wie ein Luftbefeuchter gegen trockene Heizungsluft.

- Kleidung nicht unnötig waschen: Die Zahl der Wäschen ist ein wichtiger Faktor, wegen des Mikroplastik-Abriebs, aber auch wegen der Langlebigkeit. Lieber Kleidung öfter auslüften!

- Sie reduzieren die Menge des Mikroplastiks, wenn Sie immer möglichst volle Waschmaschinen waschen – und sind damit eh besser dabei, in Sachen Energieverbrauch.

- Eine Feinstrumpfhose verliert pro Waschgang stolze 136 000 Fasern. Ein zusätzliches Problem ist hier übrigens der Schonwaschgang: Pro Waschgang werden im Schnitt 800 000 Fasern mehr herausgespült. Ursache dafür ist vermutlich die größere Wassermenge. Nachdem Strumpfhosen ja eigentlich nie Flecken haben und nur etwas Auffrischung brauchen: lieber kurz im Waschbecken einweichen und ausspülen – und auch das nicht unter fließendem Wasser.

72 – Der beste Weg zum keimfreien Mund-Nasen-Schutz

Es gibt mehrere Möglichkeiten, die Maske wieder einsatzbereit zu bekommen. Alle haben hygienisch und ökologisch Vor- und Nachteile … Zur Frage, ob Einweg- oder Stoffmasken ökologisch nachhaltiger sind, gibt es übrigens einen eigenen Eco Hack (Nr. 87). Ich persönlich finde Stoffmasken in jedem Fall angenehmer zutragen, allerdings sind bei hohen Inzidenzen medizinische Masken oft Vorschrift, weil sie besser schützen.

- Aus Hygienegründen lassen sich medizinische und auch FFP2- und FFP3-Masken nicht gut mehrfach verwenden. Die ökologisch beste Methode, sie wenigstens zwei, drei Male zum Einsatz kommen zu lassen: Sieben Tage auslüften lassen, dann sind die Keime erledigt. Idealerweise sieben Masken alternierend tragen, mit jeweils eigenem Haken.

- Backofen, 30 Minuten bei 70 Grad – leider ist hier nicht gesichert, dass tatsächlich überall im Ofen auch diese Temperatur erreicht wird. Im Zweifel lieber an der Stelle, wo man die Maske platziert, nachmessen. Die 30 Minuten zählen natürlich erst ab Ende des Vorheizens. Pro Backvorgang benötigt ein Gerät je nach Energieklasse 0,4 (A+++) bis 0,8 (A) Kilowattstunden Strom. Das wären dann auf der Grundlage des deutschen Energiemixes 160 bis 320 Gramm CO_2-Äquivalent. Am Ende sind die Keime tot, der restliche Dreck jedoch ist immer noch drin … Dies ist übrigens die einzige Methode, die zumindest in der Theorie auch bei Einwegmasken funktionieren würde. Die Uniklinik Tübingen hat herausgefunden, dass die Faserstruktur von Vliesstoffen das Erhitzen selbst auf über 100 °C gut übersteht. Allerdings geben die Hersteller dafür keine Garantie, und ob die speziellen Filtereigenschaften von FFP2-Masken im Ofen erhalten bleiben, ist unklar.

- Mikrowelle – Die Maske wird mit der Außenseite nach unten auf zwei Gefäße mit jeweils 50 Milliliter lauwarmem Leitungswasser in die Mikrowelle gepackt und bei 750 Watt zwei Minuten lang erhitzt. Der Wasserdampf reinigt die Maske. Diese Methode funktioniert allerdings nur bei Stoffmasken ohne Metallteile, andernfalls kann das richtig gefährlich werden, Funkenflug, Feuerwehr … Und auch hier ist die Maske hinterher zwar keimfrei, aber immer noch verschwitzt. Die Energiebilanz der Mikrowelle ist dafür viel besser als die des Backofens und liegt etwa bei 12 Gramm CO_2-Äquivalent pro Vorgang.

- Bügeleisen – auch dieses System funktioniert ausschließlich bei Stoffmasken, für Vlies werden Bügeleisen schlicht zu heiß. Bei mittlerer Stufe erreicht man etwa 150 Grad. Allerdings muss man die Masken sehr gründlich und ausführlich bügeln, am besten von beiden Seiten und auch in den Falten. Auch hier bleibt eventueller Dreck im Gewebe. Dafür ist auch die Bügelmethode energiesparender als der Ofen mit etwa 20 Gramm CO_2-Äquivalent bei fünf Minuten Bügeldauer.

- Waschmaschine bei 60 Grad – im Prinzip die effektivste Methode für die Reinigung von Stoffmasken. Unbedingt allerdings ohne ECO-Programm, denn das erreicht nicht immer zuverlässig wirklich 60 Grad. Nachteil: Nur eine volle Waschmaschine ist eine ökologisch korrekte. Wer ausreichend Masken besitzt, so dass er auf die nächste 60-Grad-Wäsche warten kann – wunderbar, dann zählt das Waschen bei der Ökobilanz angesichts der geringen Größe dieser Textilien quasi nicht mit! Extra die Maschine starten bedeutet pro Waschgang ein CO_2-Äquivalent von 750 Gramm.

Auskochen – Stoffmaske(n) in einen Topf, mit kochendem Wasser übergießen, 10 Minuten stehen lassen. Noch effektiver mit einem Teelöffel Waschmittel. Bis zu einer Menge von 1,5 Litern ist der Wasserkocher allen anderen Methoden, Wasser zu erhitzen, überlegen und kommt beim Erhitzen von einem halben Liter auf ein CO_2-Äquivalent von etwa 24 Gramm.

73 – Energiesparend Wasser kochen

Welches Gerät Ihnen am klimafreundlichsten zu heißem Wasser verhilft, hängt von der Menge ab, die Sie benötigen.

🌿 Für kleinere Mengen Wasser sind elektrische Wasserkocher die beste Lösung. Bis 1,5 Liter schlägt der Wasserkocher in Sachen CO_2-Bilanz sogar den Induktionsherd.

🌿 Fünf Liter Wasser für Ihre Nudeln kochen Sie effizienter auf dem Herd. Und selbstverständlich immer mit passendem Deckel.

🌿 Das Wasser aus dem Heißwasserhahn ist nur dann energieeffizient, wenn die Warmwassererzeugung nicht elektrisch erfolgt. Zudem sollte nicht mehr als ein Liter Wasser aus dem Hahn fließen, ehe es heiß wird. Haben Sie einen Gas- oder Induktionsherd, sollten Sie grundsätzlich mit kaltem Wasser kochen.

🌿 Für Tee immer nur exakt das erhitzen, was man tatsächlich benötigt – Wasser vom Hahn in die Tasse oder Kanne füllen und dann erst in den Wasserkocher, dann stimmt die Menge genau!

74 – Kaffee richtig zubereiten

Eigentlich könnte Kaffee ein echtes Recyclingwunder sein: Denn der Kaffeefilter mit Kaffeesatz darf sogar mit in die Biotonne, und der Kaffeesatz aus Maschinen ohne Filter ist ein toller Dünger. Doch dann kam der Kapselkaffee …

- Nur wer sehr wenig Kaffee trinkt, sollte zu Systemen mit Einwegportionen greifen. Ansonsten sind Kaffeemaschinen und Vollautomaten ökologischer – vorausgesetzt, Strom oder Gas werden gleich nach der Zubereitung abgeschaltet.

- Pads aus Papier sind besser als Alu-, Alukapseln geringfügig besser als Kunststoffkapseln.

- Kapseln unbedingt der Wertstoffsammlung zuführen, am besten ohne Kaffeesatz. Das gilt auch für vermeintlich kompostierbare Kapseln: Die dürfen keinesfalls in den Biomüll, weil sie dort viel zu langsam verrotten würden. Generell sind Kaffeekapseln nicht nur überproportional teuer, sondern auch immer eine Umweltsünde.

- Die French Press ist vom Energieverbrauch her die günstigste Zubereitungsmethode – vorausgesetzt Sie kochen das Wasser im Wasserkocher.

- Die kleine italienische Caffettiera sollte möglichst auf einer ebenso kleinen Herdplatte stehen, sonst geht viel Energie ungenutzt verloren.

- Der größte Umweltfaktor ist der Kaffee selbst: Deshalb darauf achten, dass der Kaffee aus nachhaltigem Anbau stammt. Und immer nur so viel Kaffee zubereiten, wie getrunken wird. Mehr dazu bei Hack Nr. 23.

75 – Der Ökotrick beim Backen

Backpapier oder Buttern? Diese Ökobilanz stammt nicht von einer Uni, sondern von meinem heimischen Küchentisch – meine Kinder und ich wollten Kuchen backen und waren neugierig …

🌿 Ein Teelöffel Butter wiegt 5 Gramm und bringt 50 Gramm CO_2-Äquivalent in die Bilanz ein. Das Backpapier für die Form wiegt auch 5 Gramm. Trotz intensiver Suche finden wir keine CO_2-Bilanz für Backpapier, aber normales Frischfaserpapier liegt bei nur 5,5 Gramm. Die Beschichtung kommt da natürlich noch dazu, trotzdem schneidet das Papier damit sehr viel besser ab als Butter.

🌿 Nimmt man statt Butter Margarine, gewinnt immer noch das Backpapier: Margarine schlägt mit 20 Gramm CO_2-Äquivalent zu Buche.

🌿 Mit Pflanzenöl wird's eng, da kommt der Teelöffel nur auf 10 Gramm, dafür schmeckt der Kuchen aber hinterher vielleicht nicht so fein.

🌿 Allerdings bleibt beim Einfetten immer etwas in der Form hängen, das Reinigen der Backform ist ohne Backpapier also auch noch mal energieintensiver.

🌿 So oder so in jedem Fall ungebleichtes Backpapier kaufen.

🌿 Backpapier lässt sich problemlos mehrfach verwenden. Die Beschichtung sorgt dafür, dass das Papier erstaunlich viele Durchgänge überlebt.

KONSUMIEREN UND DABEI DIE WELT RETTEN

... oder wenigstens etwas weniger belasten – geht das überhaupt? Generell verschlechtert selbstverständlich jeglicher Konsum unsere individuelle Ökobilanz. Doch fast immer entscheiden wir uns zwischen verschiedenen Alternativen. Insofern können wir bei unseren Kaufentscheidungen oft einiges bewirken, ohne unser Leben dabei weniger bunt und schön zu machen.

Bei den nächsten 25 Eco Hacks geht es darum, wie wir unseren Alltag an vielen Stellen klimaschonender gestalten können.

76 – Online-Shopping – bequem, aber oho!

Der Online-Handel gilt als großer Gewinner der Corona-Zeit. Im Grunde gilt das aber vor allem für die großen Player. Je mehr wir das Einkaufen ins Netz verlagern, desto schwerer wird das Überleben gerade für kleine Geschäfte, ob analog oder digital – und uns geht damit ein Stück Kultur verloren!

- Support your local dealer! Kaufen Sie öfters einfach beim netten Händler um die Ecke – der freut sich, und Sie tun der Umwelt etwas Gutes.

- Das Problem beim Online-Shopping ist weniger der Lieferverkehr als die Verpackung und die Verwertung zurückgesandter Waren.

- Fragen Sie Händler, wie sie mit Retouren umgehen – wenn die Retoure Geld kostet, könnte das ein Zeichen dafür sein, dass sich der Anbieter tatsächlich die Mühe macht, rückgesandte Ware wieder in den Verkauf zu bringen.

- Kleine Online-Händler machen sich oft mehr Mühe mit einer nachhaltigen Verpackung als etwa Amazon.

- Bestellen Sie nicht mehrere Teile auf Verdacht, sondern versuchen Sie im Vorfeld, Passform und Größe zu checken – viele Händler bieten dafür Maßtabellen.

- Besonders schlecht ist die Ökobilanz beim Lebensmitteleinkauf – wegen des Kühlaufwandes und der sehr aufwändigen Verpackungen.

77 – Das politisch korrekte Bad

In unseren Bädern ist der Plastikanteil hoch, und gerade das Mikroplastik in Kosmetikprodukten ist besonders problematisch, weil es über das Abwasser direkt in den Meeren der Welt landet.

- Je weniger Verpackung, desto besser – Produkte mit zusätzlichen Umverpackungen meiden. Konzentrate sind schon mal besser als normale Flüssigkeiten, etwa bei Seife oder Shampoo, feste Produkte sind noch besser.

- Während des Einseifens und Shampoonierens Wasser immer abdrehen.

- Plastikflaschen in hellen Farben lassen sich besser recyceln als dunkle.

- Leere Shampoo- und Duschgelflaschen noch mal mit Wasser auffüllen – die Reste reichen meist noch für zwei bis drei Durchgänge.

- Mikroplastik ist nicht nur für die Umwelt schlecht, sondern wahrscheinlich auch für unseren Körper. Der Einkaufsratgeber auf der Internetseite des BUND sagt Ihnen, worauf Sie achten müssen:
  www.bund.net/service/publikationen/detail/publication/
  bund-einkaufsratgeber-mikroplastik/

- Einwegartikel haben immer eine schlechtere Ökobilanz als Dinge, die sich wiederverwerten lassen. Das gilt auch für Rasierer und Co.

- Papierhandtücher gehen ehrlich gesagt gar nicht. In öffentlichen Toiletten Hände nach dem Waschen erst mal schütteln, dann braucht man weniger Papier zum Trocknen.

❧ Zähneputzen mit Zahnputzbecher spart Wasser!

❧ Eine Zahnbürste aus Bambus ist besser als ihre Plastikschwes-
ter, vorausgesetzt es handelt sich nicht um das Plastik-Bam-
bus-Gemisch aus Eco Hack Nr. 40. Noch besser wäre allerdings eine Bürste mit austauschbarem Bürstenkopf, ob aus
Bambus oder Plastik.

78 – Damenhygiene, ökologisch gedacht

Zu den jüngsten Errungenschaften der Politik gehört, dass Damenhygieneprodukte neuerdings einem niedrigeren Mehrwertsteuersatz unterliegen. Noch mehr Geld sparen Sie allerdings, wenn Sie Binden und Tampons komplett aus Ihrem Leben verbannen.

- Die so genannte Menstruationstasse hat eine deutlich bessere Ökobilanz als Wegwerfartikel, auch wenn im Netz neuerdings Meldungen kursieren, wonach das eine Öko-Lüge sei. Die Studie, die das nachweisen will (und bei der Gelegenheit gleich auch noch Tampons aus Bio-Baumwolle als unökologisch darstellt), stammt allerdings ausgerechnet von einem der weltweit größten Tamponhersteller …

- Der Öko-Haken am Menstruationscup könnte die Reinigung sein. Deshalb: zum Auskochen so wenig Wasser wie möglich verwenden. Tipps zum Reinigen gibt es zum Beispiel unter www.erdbeerwoche.com/meine-produkte/menstruationstasse-hygiene-reinigung-und-pflege/

- Mittlerweile gibt es auch spezielle Menstruationswäsche, die Watteprodukte ganz gut ersetzen kann.

- Wenn es dennoch Binden oder Tampons sein sollen – die Varianten aus Biobaumwolle sind umweltverträglicher. Gibt's im Netz mittlerweile komplett Chemie-frei, sogar im Abo.

79 – Die CO$_2$-Bilanz der Rasur

Ob der allgegenwärtige Hipster-Bart so in Mode gekommen ist, weil er durch den Verzicht auf eine tägliche Rasur so umweltfreundlich ist? Wahrscheinlich eher nicht … Aber auch glattrasiert lässt sich die tägliche Ökobilanz verbessern.

🌿 Zum Thema Elektrorasierer oder Nassrasur gibt es keine verlässliche Studie. Klar ist, dass der Stromverbrauch bei einem Akkurasierer recht überschaubar ist. Dafür haut die Herstellung rein: also Apparat möglichst lange verwenden.

🌿 Für überzeugte Nassrasur-Fans gibt es die Option, einen so genannten Hobel zu nutzen, wenn einem das Messer zu heikel ist – da muss man wenigstens nur die Klingen wegwerfen und nicht den ganzen Kopf oder gar Rasierer, und den Griff gibt es aus Holz.

🌿 Wegwerfrasierer sind weniger ökologisch als die mit austauschbaren Klingen.

🌿 Fertiger Rasierschaum aus der Sprühdose verursacht gleich mehrere Umweltprobleme: Die Dose ist aus Aluminium, die Treibmittel werden zum Teil aus Erdöl gewonnen, und Palmöl ist auch oft enthalten. Gute Alternativen sind Aloe-Vera-Gel oder Kokosöl in umweltfreundlichen Verpackungen.

🌿 Wer Rasierseife selbst aufschäumt, statt zu sprühen, schont das Klima und erzeugt weniger Abfall, vorausgesetzt er rührt nur das an, was er dann auch verbraucht.

80 – Schön mit gutem Öko-Gewissen

Als ich klein war, waren wir öfter gemeinsam mit Freunden meiner Eltern im Urlaub. Mein persönliches Highlight war das Bad des Paares, und ganz besonders ihre Kosmetiksammlung. All die Tiegelchen und Töpfe, aufwändige Parfumflakons, kompliziert verpackte Schminkutensilien …

Heute macht mich der Verpackungszauber von Kosmetik eher ärgerlich: so viel Müll für den schönen Schein. Und auch die Inhaltsstoffe haben es oft in sich …

- Wir hatten das schon mehrmals: Verpackungen sind nie gut. Suchen Sie nach Kosmetik, wo Tuben und Tiegel nicht noch in Extraschachteln stecken.

- Glas ist hübscher als Plastik – aber als Einwegprodukt ökologisch schlechter, trotz der Erdölproblematik.

- Metalltuben sind unter Umweltaspekten sinnvoller als Plastiktuben, vorausgesetzt sie landen nach Gebrauch in der Wertstofftonne.

- Auch hier gilt wieder: Wenn schon Plastik, dann aus einer Sorte. Und helle Farben sind leichter zu recyceln.

- Alles, was wir uns ins Gesicht schmieren, landet irgendwann im Wasser – leider sind weder »Naturkosmetik« noch Formulierungen wie »aus natürlichen Inhaltsstoffen« geschützte Begriffe. Beim BDIH-Siegel können Sie sicher sein, dass alle verwendeten Rohstoffe aus biologischem Anbau sind und keine synthetischen Farb-, Duft- und Konservierungsstoffe, keine Silikone, Paraffine und andere Erdölprodukte und keine tierischen Rohstoffe enthalten sind. Für die Siegel EcoCert und

NaTrue reicht es, wenn 95 beziehungsweise 70 Prozent der Inhaltsstoffe ökologisch sind.

 Es gibt zahlreiche Studien, die belegen, dass es der Haut ziemlich egal ist, welches Pflegeprodukt wir verwenden. Jede zusätzliche Augen- oder Dekolleté-Creme ist ein weiteres Stück Müll – lieber eine Creme für alles in möglichst großer Packung.

Lippenstiftreste mit einem Pinsel aufbrauchen – spart Geld *und* Müll.

Mascara hält länger, wenn man keine Pumpbewegungen mit dem Bürstchen in der Patrone macht: Die Luft, die dabei eindringt, lässt die Wimperntusche schneller austrocknen.

Jegliche Art von Einwegartikel zum Abschminken ist unökologischer als der gute alte Waschlappen mit etwas Seife.

81 – Besser putzen

Als Kind der 1970er-Jahre bin ich von Werbespots geprägt, die einem ständig suggerieren, dass an allen Ecken und Enden des Haushalts bedrohliche Keime lauern, die man mit aller Macht bekämpfen muss. Und so verbrauchen wir in Deutschland fast drei Liter Haushaltsreiniger und rund einen Liter WC-Reiniger pro Kopf und Jahr, um uns eine blitzsaubere Umgebung zu schaffen. Putzmittel, die in unseren Gewässern landen und dort für Probleme sorgen, von der Ökobilanz der Herstellung gar nicht zu reden.

- Vor 100 Jahren war es in deutschen Haushalten auch sauber, nur mit Natron, Soda, Essigessenz, Zitronensäure und Kernseife.

- Selbst im Angesicht der Pandemie: Der Einsatz von Desinfektionsmitteln im Haushalt ist weitgehend überflüssig. Einfache Hygienemaßnahmen wie Bürsten und Reiben von Oberflächen mit herkömmlichen Seifenmitteln sowie Händewaschen reichen meist aus.

- Ein ganz einfaches Rezept: Ein halber Liter warmes Wasser, zwei Teelöffel fein geraspelte Kernseife, zwei Teelöffel Natronpulver und etwas Zitronensaft – fertig ist der umwelt- und gesundheitsfreundliche Haushaltsreiniger.

- Zitronenschalen-Glasreiniger kann man ebenfalls selbst machen: Zitronen- oder Orangenschale fein reiben, 200 Milliliter Essigessenz dazu. Zwei Wochen dunkel lagern, durchsieben und mit 200 Milliliter Wasser in Sprühflasche geben.

- Soda hilft gegen Fett, Natron ersetzt Backofenreiniger und bekommt sogar verstopfte Abflüsse frei, ohne dass aggressive

Mittel Kunststoffrohre schrotten. Wobei bei Kernseife heutzutage die Palmöl-Falle lauert: daraus wird sie mittlerweile nämlich oft hergestellt. Es gibt aber auch Kernseife aus anderen pflanzlichen Ölen, etwa aus Olivenöl.

- Wem das alles zu kompliziert ist: Zwei Leipziger Putzfeen haben den »Sauberkasten« erfunden, den man online bestellen kann, mit allen Zutaten, Aufbewahrungsbehältern und Gebrauchsanleitungen.

- Spüllappen aus Zellulose und Baumwolle können mehrmals in der Spül- oder Waschmaschine gewaschen werden und sind am Ende ihres Lebens auch noch kompostierbar.

- Eine gute Putzschwamm-Alternative sind Schwämme aus Luffa, einer Pflanze, deren Frucht so ähnlich aussieht wie eine Zucchini. Getrocknet ergibt sie einen prima Putzschwamm, der ebenfalls einen Waschmaschinenausflug bei 60 Grad machen kann.

- Bei hartnäckigen Verschmutzungen helfen Kupfertücher, die gleichfalls gut waschbar und sehr langlebig sind.

- Wenn Sie unbedingt einen industriell hergestellten Reiniger haben wollen: Achten Sie auf die Inhaltsstoffe und kaufen Sie Produkte mit Tensiden aus nachwachsenden Rohstoffen.

- Auch Putzmittel aller Art gibt es mittlerweile zum Selbstabfüllen in Pfandgefäßen. Wenn Ihnen das zu umständlich ist: Kaufen Sie Putzmittel von Herstellern, die ihre Plastikflaschen aus recyceltem Kunststoff herstellen.

82 – Reparieren statt wegwerfen

Da bei vielen Geräten der größte Teil des ökologischen Fußabdrucks bei der Herstellung entsteht, ist Reparieren ganz grundsätzlich fast immer eine bessere Idee als Wegwerfen.

❧ Achten Sie schon beim Kauf darauf, ob Produkte reparierbar sind.

❧ Besuchen Sie Repair-Cafés, um Ihre defekten Geräte reparieren zu lassen. Adressen finden sich hier:
www.reparatur-initiativen.de
www.repaircafe.org

❧ iFixit ist eine weltweite Gemeinschaft von Menschen im Netz, die sich gegenseitig helfen, Dinge zu reparieren.

❧ Kleider flicken und Socken stopfen war früher eine Selbstverständlichkeit und geht ganz einfach.

83 – Textilien mit sauberer Ökobilanz

Durchschnittlich 95 Kleidungsstücke pro Kopf hängen in deutschen Schränken – sollte reichen, könnte man meinen. Aber dann ist da das Hochgefühl, in einem neuen Kleid die Sommernacht zu erobern …

Trotzdem: Weltweit ist die Modeindustrie für etwa fünf Prozent der globalen Emissionen verantwortlich. Die Textilindustrie macht mehr Dreck als Luftfahrt und Kreuzfahrtschiffe vor Corona zusammen!

- Bei Baumwolle ist vor allem der Wasserverbrauch ein Problem: Die Pflanze gedeiht am besten in sehr trockenen Regionen, benötigt aber dafür besonders viel Wasser. Fast zwei Drittel der weltweiten Baumwollanbaufläche werden künstlich bewässert. Das ist rund die Hälfte aller bewässerten Flächen auf der Welt – der Baumwollanbau ist für etwa sechs Prozent des globalen Süßwasserverbrauchs verantwortlich.

- Konventionelle Baumwolle ist zudem in aller Regel besonders stark pestizidbelastet. Biobaumwolle ist deshalb die bessere Wahl, verbraucht aber auch viel Wasser beim Anbau.

- Kunstfasern wiederum werden in aller Regel aus Erdöl gewonnen, unter enormem Energieaufwand – fast doppelt so viel wie bei der Gewinnung von Baumwollfasern.

- Neben der Erdöl- und Energie-Problematik bescheren uns Kunstfasern eine weitere Ökosünde: Mikroplastik, wieder mal, diesmal beim Waschen in der Waschmaschine. Besonders extrem sind dabei Fleece-Kleidungsstücke, die überdies – weil viel beim Sport getragen – oft schon nach einer

Nutzung gewaschen werden: Greenpeace kommt auf eine Million Fasern pro Wäsche.

- Bei Merinowolle darauf achten, ob die Wolle »Mulesing«-frei gewonnen wurde: Das ist ein Verfahren, wo Schafen in Australien zum Schutz gegen Parasitenbefall die Haut rund um den After entfernt wird, ohne Betäubung. Eine echte Tierquälerei, die Sie nicht unterstützen sollten. Fragen Sie beim Hersteller, woher die Wolle stammt. In Deutschland oder Neuseeland, beispielsweise, ist diese Praxis verboten.

- Gerade Wolle gibt es inzwischen auch als Recyclingprodukt – das ist in jedem Fall eine gute Idee!

- Fleece wird immer öfter aus recycelten PET-Flaschen hergestellt. Das Öko-Nylon »Econyl« wird aus recycelten Industrieabfällen und aus alten Fischernetzen produziert.

- Viskose ist keine uneingeschränkt umweltschonende Alternative: Sie wird zwar aus Holz erzeugt, also einem nachwachsenden Rohstoff. Doch auch ihre Herstellung ist sehr energieintensiv, und außerdem werden dabei größere Mengen Chemikalien und giftige Dämpfe freigesetzt.

- Stretchstoffe sind besonders schlecht zu recyceln, ebenso Fasermischungen wie Elasthan oder Lycra.

- Ganz generell: Kaufen Sie Qualität! Die Billigfetzen aus den Fast-Fashion-Läden werden unter schwierigen Arbeitsbedingungen hergestellt und wandern schnell wieder in den Müll. Langlebige Stücke sind viel besser fürs Klima!

- Die App NotMyStyle bewertet zahlreiche Labels hinsichtlich ihrer Nachhaltigkeit.

84 – Verlässliche Siegel für faire Kleidung

Dass Fast Fashion nicht sonderlich nachhaltig sein kann, liegt auf der Hand. Doch auch bei namhaften Herstellern und selbst bei sehr teurer Designermode können wir uns leider nicht darauf verlassen, dass der höhere Preis bessere Entstehungsbedingungen garantiert. Diese Siegel sorgen für Transparenz:

- IVN: Das strengste Ökosiegel, garantiert zudem die Einhaltung von Arbeitsnormen – Tarifverträge, keine Zwangs- und keine Kinderarbeit, außerdem Mindestlöhne. Die Textilien sind zu 100 Prozent aus zertifiziert ökologischen Naturfasern. Textilien aus Kunstfasern werden nicht bewertet.

- GOTS: Es gelten ähnliche Arbeitsnormen wie bei IVN. Textilien bestehen aus mindestens 70 Prozent Naturfasern aus kontrolliert biologischer Landwirtschaft oder Tierhaltung. Bei dem Labelzusatz »organic« gilt dies für 95 Prozent der eingesetzten Fasern. Die sozialen und ökologischen Standards sind bei IVN höher als bei GOTS.

- Das Siegel Bluesign ist weniger streng bei der Untersuchung der textilen Produktionskette, gilt dafür aber als sehr verlässlich bei der Kontrolle der Grenzwerte für Chemikalien.

- Das Fairtrade-Siegel für Baumwolle steht für Rohbaumwolle, die fair angebaut und gehandelt wurde. Der Fairtrade-Mindestpreis hilft den Bauern, die Kosten einer nachhaltigen Produktion zu decken. Die Fairtrade-Standards sind deutlich höher als die Einhaltung der Arbeitsnormen der beiden vorherigen Siegel.

- Die Fair Wear Foundation arbeitet gemeinsam mit den Firmen an einer Verbesserung der sozialen Bedingungen in allen Konfektionsbetrieben der textilen Kette in den Produktionsländern. Mehr als 80 Unternehmen mit 120 Marken sind mittlerweile dabei.

- Cotton made in Africa unterstützt Kleinbauern dabei, ihre Lebensbedingungen und die ihrer Kinder zu verbessern, etwa durch Ausschluss von Kinderarbeit, gefährlichen Pestiziden oder genveränderter Baumwolle. Die Kleinbauern werden gerecht und pünktlich bezahlt und außerdem geschult.

- Oeko-Tex Made in Green: Produktlabel für schadstoffgeprüfte und nachhaltig und sozialverträglich produzierte Textilien. Textilprodukte können anhand einer eindeutigen Produkt-ID bzw. eines QR-Codes auf dem Label vom Konsumenten zurückverfolgt werden. Je nach Datenfreigabe durch die beteiligten Unternehmen ist sogar sichtbar, in welchen konkreten Betrieben die Fertigung stattgefunden hat.

- Der Grüne Knopf: Seit September 2019 vergibt die Bundesregierung ebenfalls ein Siegel, auf freiwilliger Basis. Allerdings erfasst das staatliche Siegel zunächst nur einen kleinen Teil der Arbeitsschritte.

- Im Internet gibt es – auf Englisch – den Transparency Index der die Themen Fertigung, Ressourcenverbrauch und Verbleib von Überproduktion analysiert. Auf freiwilliger Basis, insofern ist die Auflistung der Firmen bei weitem nicht vollständig. Aber immerhin erfährt man dort, dass Marken wie Adidas, Reebok, Patagonia, Esprit und H&M 60 Prozent der möglichen Punkte schaffen, Chanel hingegen nur zehn und Tom Ford gar null Prozent.

85 – Die Öko-Jeans

Wenn man es so macht wie meine Freundinnen und ich als Teenager, dann sind Jeans ein ziemlich nachhaltiges Produkt: Wir haben unsere heißgeliebten Denims damals getragen, bis sie auseinanderfielen, und auf dem Weg dorthin unzählige Male geflickt. Das ist auch gut so – denn an sich sind Jeans in vielerlei Hinsicht erst mal eine Ökosünde.

- Da ist zunächst das Material: Baumwolle, mit den weiter vorne beschriebenen Umweltproblemen bei der Erzeugung. Mehr als ein Drittel der weltweiten Baumwolle wird für Jeans verwendet.

- Das Färben und Bearbeiten des Stoffes birgt zusätzliche Umweltbelastungen, durch gefährliche Chemikalien und gesundheitsgefährdende Arbeitsprozesse.

- Die Patina, die wir einst durch intensives Tragen erzielt haben, wird heute schon in der Fabrik geschaffen. Durch die Steine beim »stone washed«-Vorgang verschleißen allerdings die genutzten Waschmaschinen sehr schnell, und auch die Sandstrahlen für den coolen »Used Look« belasten die Umwelt.

- Auf dem Online-Portal Good on You gibt es einen sehr empfehlenswerten Leitfaden für nachhaltige Jeans und ethischen Denim:
  www.goodonyou.eco/ultimate-guide-to-sustainable-jeans-and-ethical-denim/

86 – Umweltfreundlich beschuht

Wo die Fairtrade-Ökoprodukt-Gutmenschen-Welt klar endet, ist an unseren Füßen. Turnschuhe bestehen praktisch immer größtenteils aus Erdölprodukten. Die Stiftung Warentest hat Materialien und Herstellung 2015 unter die Lupe genommen und konnte keinem Hersteller ein uneingeschränkt gutes Zeugnis ausstellen. Auch Leder bietet keine sonderlich gute Ökobilanz, ganz abgesehen von den problematischen Haltungsbedingungen vieler Tiere.

- Gerade bei Schuhen lohnt sich die Investition in hochwertige Qualität – ein Schuh, der sich reparieren lässt, hat immer die bessere Ökobilanz. Mein Schuster wundert sich immer, wenn ich Lieblingsstücke für 20, 30 Euro reparieren lasse, wo man doch so billig neue Schuhe kaufen kann – aber so ist es nachhaltiger!

- Leder, das als Nebenprodukt der Fleischgewinnung anfällt, erkennt man am Siegel »Naturleder IVN zertifiziert«.

- In Hamburg und im Netz gibt es die »soleRebels«–Schuhe mit einem Klima-Fußabdruck nahe null. Hergestellt aus nachwachsenden Rohstoffen in Äthiopien, von Arbeitern, die dreimal so gut bezahlt werden wie dort sonst üblich. Die Sohlen sind aus recycelten Altreifen. Und trotzdem sind die Schuhe nicht teurer als konventionelle Ware.

- In Berlin gibt es ein Start-up, das Turnschuhe vor der Tonne bewahrt: »Sneaker Rescue«.

- Adidas wirbt damit, dass für seine Parley-Schuhe PET-Flaschen an den Stränden der Malediven und Fischernetze vom Meeresgrund gesammelt und recycelt werden. Der WWF bezweifelt, dass hierbei der Anteil von echtem Meeresplastik besonders hoch ist. Unter diesem Begriff verarbeiten Hersteller nämlich oft schlicht Plastik, das theoretisch irgendwann im Meer hätte landen können. Zudem geht es hier letztlich nur um den Faden für das gestickte Obermaterial, für das man womöglich auch Naturfasergarn hätte verwenden können. Die Sohlen bestehen weiterhin aus erdölbasiertem Kunststoff.

🍀 Bei hochwertigen Wanderschuhen bieten die meisten Hersteller eine Neubesohlung an. Das kostet zwischen 70 und 120 Euro und ist unter Nachhaltigkeitsaspekten unbedingt empfehlenswert – meist werden dabei auch gleich die Nähte mit saniert.

87 – Die ökologisch korrekte Corona-Maske

Bis März waren Schutzmasken in meinem Leben Dinge, die die Crew von Grey's Anatomy im OP trägt. Heute besitze ich eine ganze Auswahl selbstgenähter und gekaufter Mund-Nasen-Schutzmasken. Das schafft ein neues Müllproblem …

- Einwegmasken fühlen sich an wie eine Art Hygienepapier. Tatsächlich bestehen sie jedoch aus mehreren Schichten Polypropylen, einem Kunststoff, der aus Rohöl gewonnen wird.

- Polypropylen ist – wie andere Plastikarten – sehr lange haltbar und zersetzt sich nicht. Polypropylen bleibt deshalb (wie andere Kunststoffe auch) als Plastikmüll über viele Jahrzehnte erhalten und zerreibt sich in feinste Teilchen, das vielbeschworene Mikroplastik, das dann über den Magen von Fischen auch wieder in unserer Nahrungskette landet.

- Polypropylen wäre an sich ein gut recyclebarer Kunststoff – die Einwegmasken müssen aber zwingend in den Restmüll, weil sie mit Keimen belastet sind.

- Auch die Baumwolle, aus der selbstgenähte Alltagsmasken meist gefertigt sind, ist wie gesagt kein unproblematisches Produkt. Der Anbau ist extrem wasserintensiv, hinzu kommt der erhebliche Einsatz von Pestiziden.

- Gut ist, wenn Masken aus Material genäht werden, das nicht eigens produziert wird. Stoffreste, die noch zu Hause herumliegen. Oder der Verschnitt, der in Schneidereien anfällt. Damit fällt bei diesen Resteverwertungsmasken die CO_2-Bilanz bei der Herstellung quasi weg.

88 – Die zweite Hand ist erste Sahne!

Die weltweite Produktion von Textilien hat sich zwischen 2000 und 2015 mehr als verdoppelt, während die Tragedauer rasant gesunken ist. Je länger ich zu diesem Thema recherchiere, desto klarer wird mir, dass wir das Ökoproblem Bekleidung nur auf eine Weise wirklich lösen können: weniger kaufen! Ausgewählte Stücke, die wir lange tragen und nur waschen, wenn es nötig ist. Die wir, noch idealer, schon secondhand gekauft haben, reparieren, wenn etwas kaputtgeht, und dann, wenn wir das gute Stück gar nicht mehr sehen können, weiterverkaufen oder -verschenken.

Manchmal hilft ja schon ein neuer Name … seit gebrauchte Kleider »Vintage« heißen, kann sogar Julia Roberts in einem Secondhand-Abendkleid den Oscar entgegennehmen – ein gutes Vorbild!

- Weniger ist mehr: Uneingeschränkt ökologisch gut ist die Herstellung von Bekleidung nie. Deshalb wenige Stücke kaufen und die möglichst lang tragen.

- Nutzen Sie Secondhandläden oder Kleidertausch-Portale! Dort finden Sie aktuelle, kaum getragene Mode. Gerade bei Babybekleidung können Sie so außerdem sicherstellen, dass eventuell noch vorhandene Schadstoffe ausgewaschen sind.

- Es gibt inzwischen zahlreiche Anbieter im Netz, die Kleidung verleihen – nicht nur die große Abendrobe oder den Smoking. Räubersachen und Cottonbudbaby liefern in verschiedenen Abosystemen Baby- bzw. Kinderkleidung.

- Erwachsene finden bei RE-NT, Stay Awhile oder Myonbelle Leihboxen und Abomodelle.

- Für besonders trendbewusste Fashionistas verleihen Dress-coded und Chic By Choice Designermodelle.

- Die Kleiderei betreibt in Köln und Freiburg Ladengeschäfte, wo man vier Teile so oft hin und her tauschen kann, wie man mag.

- Analog ist ja oft am schönsten: Wie wäre es mit einer privaten Kleidertauschparty? Was Sie nicht mehr mögen, findet eine Ihrer Freundinnen vielleicht ganz toll!

89 – Mode aus Abfall

Falls ich Sie jetzt nicht für gebrauchte Kleidung begeistern konnte, dann vielleicht für Mode aus Müll? Überall da, wo Materialien verarbeitet werden, die sonst auf dem Müll gelandet wären, ist das aus ökologischer Sicht eine gute Sache – und es lohnt sich, deren Produzenten für ihren kreativen Einsatz an der Recyclingfront zu belohnen!

❧ Der Spanier Javier Goyeneche erweckt für sein Label Ecoalf Abfall zu neuem Leben und macht aus alten Plastikflaschen neue Jacken und aus Garnelenschalen Turnschuhe.

❧ Die Firma Got Bag vertreibt Rucksäcke aus recyceltem Meeresplastik.

❧ Patagonia produziert Langarm-T-Shirts aus Plastikflaschen und Stoffabfällen.

❧ PYUA fertigt nachhaltige Outdoorbekleidung ausschließlich aus recycelten und vollständig recycelbaren Materialien.

❧ QMilk ist ein deutsches Start-up, das aus Milchproteinen Textilien produziert. Jährlich fallen in Deutschland etwa zwei Millionen Liter Milch an, die aus hygienischen Gründen nicht verzehrt werden dürfen. Aus diesem Milchausschuss entstehen gut verarbeitbare Fasern, ohne Einsatz von Chemikalien und bei minimalem Wasserverbrauch. Vielseitig einsetzbare Biofasern, besonders hautfreundlich und garantiert geruchsneutral.

90 – Umweltfreundlich Sport treiben

Unter Komfortaspekten ist moderne Funktionsbekleidung ein Segen: Stoffe, die den Schweiß von der Haut wegtransportieren, keine nassen Füße beim Skifahren, atmungsaktive Jacken für jede Temperatur. Leider geht dieses Wohlgefühl mit einem ganzen Bündel von Umweltproblemen einher ...

- Der Großteil der verwendeten Kunstfasern basiert auf Erdöl. Bereits die Gewinnung dieses endlichen Rohstoffes führt zu massiven Umweltschäden – etwa zur Abholzung von Wäldern und zur Verschmutzung von Meeren und Stränden.

- Bei jedem Waschgang verlieren die Fasern mikroskopisch kleine Partikel, das schon mehrfach erwähnte Mikroplastik.

- Beim Kauf von Sportbekleidung aus Kunstfasern auf das OEKO-Tex-Made-in-Green-Siegel achten. Das Siegel kennzeichnet Textilprodukte, die garantiert schadstofffrei sind, aus umweltfreundlichen Betrieben stammen und an sicheren sowie sozialverträglichen Arbeitsplätzen gefertigt wurden.

- Für winterliche Funktionsunterwäsche kann Merinowolle ein gutes Material sein. Sie muss nicht so häufig gewaschen werden, oft reicht schon gründlich auslüften, und riecht weniger unangenehm. Auch der Waschvorgang schadet der Umwelt weniger, da kein Mikroplastik ins Abwasser gelangt. Allerdings, siehe Eco Hack Nr. 83, kann hier Tierwohl ein Thema sein.

- Es gibt inzwischen einige Hersteller, die Sportbekleidung aus recyceltem PET anbieten.

91 – (Kunst-)Pelz – eine haarige Angelegenheit

Dass Pelzmäntel und Fellkrägen aus ethischen Gründen keine gute Idee sind, sollte sich mittlerweile selbst unter Oligarchinnen herumgesprochen haben. Das beschleunigte Ende der niederländischen Nerzfarmen zum Seuchenschutz gehört aus meiner Sicht zu den uneingeschränkt positiven Corona-Resultaten. Doch auch Kunstpelz ist keine wirklich empfehlenswerte Alternative!

🍀 Das fängt damit an, dass Kunstpelz manchmal in Wahrheit doch echter Pelz ist: Chinesische Felle sind zum Teil so billig, dass es sich für Hersteller lohnt, echte Tierhaare als Fake Fur auszugeben.

🍀 Echter Pelz ist oft mit Formaldehyd behandelt – das kann Hautreaktionen auslösen.

🍀 Dafür ist natürlicher Pelz kompostierbar und belastet in der Entsorgung die Umwelt nicht.

🍀 Kunstpelz hingegen besteht vorwiegend aus Acryl. Das hat die schlechteste Ökobilanz von neun Fasern, die in einem Bericht der Europäischen Kommission im Jahr 2014 untersucht wurden. In vier von sechs Kategorien belegt es den letzten Platz, einschließlich Einfluss auf den Klimawandel, Einfluss auf die menschliche Gesundheit und Ressourcenerschöpfung.

92 – Klunker ohne Nebenwirkungen

Diamonds are a girl's best friends … und gleichzeitig kennen wir alle die Geschichten von Blutdiamanten, Kinderarbeit in Minen oder von Umweltschäden bei der Goldgewinnung.

- Immer mehr Unternehmen handeln mit Goldprodukten, die ein Fairtrade-Siegel oder das Label des Responsible Jewellery Council tragen. Diese Zertifizierungen verweisen auf gute Arbeitsbedingungen für Minenarbeiter sowie einen umweltfreundlichen Abbau der Edelmetalle. Außerdem werden die Minen nach einer Stilllegung rekultiviert.

- Noch besser: recyceltes Edelmetall. Angesichts des hohen Materialwertes lohnt es sich, auch kleine Stückchen einzuschmelzen und daraus etwas Neues zu schaffen.

- Gerade bei Schmuck ist Vintage eine gute Idee – Gold, Perlen und Co. verschleißen ja nicht wirklich …

- Wer aus der Mode gekommene Erbstücke umarbeiten lässt, verhält sich besonders umweltfreundlich.

- Synthetische Diamanten mögen nicht der Finanzierung von Bürgerkriegen gedient haben, dafür ist die Ökobilanz ihrer Gewinnung ziemlich desasträs.

93 – Zimmerpflanzen fürs Klima

Als Studentin hatte ich in Bezug auf Zimmerpflanzen einen klaren Grundsatz: Wem es hier nicht passt, der kann ja gehen. Bis auf eine Palme, die erstaunlich zäh war und damit klarkam, dass ich sie eher zufällig gegossen habe, haben alle anderen Pflanzen diesen Rat befolgt ... aber immerhin: Die Palme lebt immer noch und ist super nachhaltig, weil höchstpersönlich vor über 30 Jahren in Italien ausgebuddelt.

Generell ist Grünes in der Wohnung schön – wenn man auf das richtige Grün setzt.

- Zimmer- oder Balkonpflanzen kommen zu etwa 80 Prozent aus dem Ausland, oft aus Afrika oder Lateinamerika, weil in dem warmen Klima dort vieles besser wächst. Die Arbeitsbedingungen auf den Plantagen sind oft katastrophal. Die Pflanzen werden zudem häufig mit Pestiziden behandelt, die in Deutschland seit Jahren verboten sind. Diese vergiften vor Ort Arbeiter, Böden und Insekten.

- Oft werden Jungpflanzen importiert und dann in Deutschland weiter kultiviert – damit gilt Deutschland als Ursprungsland. Gerade in Baumärkten und Gartencentern ist es daher schwierig herauszufinden, woher die Pflanzen wirklich stammen. Kaufen Sie lieber in einer Gärtnerei, die Ihnen Auskunft über die Entstehung geben kann.

- Je exotischer und abgefahrener die Pflanze, desto schwerer ist es, sie ohne chemische Dünger oder Pestizide großzukriegen. Stattdessen lieber robustere heimische Pflanzen wählen, die leichter in Bio-Qualität erzeugt werden können.

❦ »Bienenfreundlich« ist kein geschützter Begriff. Abgesehen davon ist die einzelne Staude auf dem Balkon eher Kosmetik: Honigbienen sammeln sortenrein und brauchen große Massen von Blüten. Der Balkon hilft also allenfalls vereinzelten Wildbienen.

❦ Bei Blumenerde unbedingt auf torffreie Produkte achten, am besten aus biologischer Erzeugung.

94 – Können Blumen Sünde sein?

Der bunte Blumenstrauß auf dem Tisch ist ein wichtiger Teil meiner Seelenhygiene – der Farbtupfer macht mich einfach glücklich. Und doch frage ich mich immer öfter, ob ein so lupenreiner Wegwerfartikel zu rechtfertigen ist. Und anders als bei Lebensmitteln muss bei Schnittblumen leider die Herkunft nicht gekennzeichnet werden. Dabei wäre das eine spannende Frage.

- Viele Schnittblumen kommen per Flugtransport nach Deutschland. Über die Hälfte unserer meistgekauften Blumen, der Rosen, stammt aus Kenia, mit steigender Tendenz. An zweiter Stelle für Schnittblumen per Luftfracht stehen frische Nelken, sie kommen zu 90 Prozent aus Kolumbien.

- Nun kann Treibhausware aus den Niederlanden wegen des Energieaufwands bei der Zucht eine sechsmal schlechtere Ökobilanz haben als die Flugware aus Kenia. Andererseits verbrauchen die Kenia-Rosen viel knappes Wasser, und die Arbeitsbedingungen in Afrika sind oft verheerend …

- Die Lösung: Schnittblumen aus regionalem Anbau aus unbeheizten Gewächshäusern oder aus Freilandanbau kaufen – ob das so ist, erfährt man am ehesten im Fachhandel und eher nicht im Supermarkt oder an der Tankstelle.

- Noch besser: Kaufen Sie Ihre Blumen im Sommer direkt vom Schnittblumenfeld beim Bauern in der Nähe.

- Beim Kauf auf Siegel achten: Eines davon ist das Fair-Flower-Fair-Plants-Siegel, das die Qualität in Bezug auf ökologische und soziale Nachhaltigkeit prüft. Außerdem gibt es das Fairtrade-Siegel für Blumen, das gegen Kinder- und Zwangsarbeit und für Mindestlöhne steht.

- Auch Blumen gibt es in »Bio«-Qualität, also aus Anbau ohne giftige Pestizide.

95 – Windelwahnsinn vermeiden

Der Müllberg, den ein Kleinkind im Laufe seiner etwa zweieinhalbjährigen Wickelkarriere hinterlässt, wiegt etwa eine Tonne! Die Kommunen erfassen den Windelanteil im Haushaltsmüll nicht separat, aber nach Schätzungen sind es etwa zehn Prozent des Restmülls in Deutschland.

Ich bin ganz ehrlich: Als ich dieses Kapitel recherchiert habe, war ich recht froh, dass meine Kinder schon lange keine Windeln mehr tragen. Denn Wegwerfwindeln sind natürlich sehr komfortabel – aber die Umwelt zahlt den Preis …

- Das größte Ökoproblem dabei steckt im Kern moderner Windeln: der so genannte Superabsorber. Die Kügelchen aus polymeren Estern und dem Natriumsalz der Acrylsäure können das 30-fache ihres Gewichts an Flüssigkeit aufnehmen. Dummerweise jedoch werden diese Wunderkügelchen ausgerechnet aus Erdöl synthetisiert.

- Öko-Wegwerfwindeln sind hier keine echte Alternative – da ist dann zwar der Zellstoff aus nachhaltigem Anbau, oder Plastikfolien werden durch Folien aus Maisstärke ersetzt, aber im Inneren saugt auch dort oft der böse Superabsorber.

- Schon bei nur einem Kind ist die Ökobilanz von Stoffwindeln etwas besser als die von Wegwerfwindeln. Nutzt ein zweites Kind die Stoffwindeln, liegt die Stoffwindel klar vorne.

- Auch vermeintlich kompostierbare Windeleinlagen dürfen in Deutschland nicht in die Biotonne. Ob Ihnen die Ausscheidungen Ihres Nachwuchses auf dem Kompost im heimischen Garten gefallen – Ihre Entscheidung …

 Ganz einfach können Sie Ihre Wickel-Ökobilanz verbessern, indem Sie auf Einweg-Nebenprodukte so oft wie möglich verzichten: mit Waschlappen statt Feuchttüchern und einem Moltontuch statt der Wegwerf-Wickelauflage.

96 – Der ökologische Pfotenabdruck

Was ein Veganer durch seinen Verzicht auf tierische Lebensmittel einspart, kann er durch die CO_2-Bilanz seiner vierbeinigen Freunde schnell wieder wettmachen. Denn auch das Halten von Haustieren beeinträchtigt in vielfältiger Weise das Klima.

🐾 Im Prinzip gilt bei Tieren etwa das, was bei Autos gilt: je größer, desto schlechter. Das Pferd kommt laut einer Studie jährlich auf eine Umweltbelastung, die der von 21 500 Kilometer Autofahren entspricht, ein Hund wäre bei einer Autofahrt von 3 700 Kilometer. Bei Katzen sind es umgerechnet 1 400 Kilometer.

🐾 All das sind natürlich Durchschnittswerte. Der wichtigste Faktor ist dabei das Futter. Große Hunde verursachen daher mehr CO_2-Äquivalent. Katzen fressen absolut weniger, dafür ist der Fleischanteil ihrer Nahrung größer.

🐾 Hunde- und Katzenfutter aus der Dose hat oft Lebensmittelqualität. Für die Ökobilanz ist das schlecht. Besser wären Schlachtabfälle, die ohnehin anfallen, und die am besten in großen Mengen unverpackt gekauft.

🐾 Andererseits: Wenn die Fürsorge für Ihre Vierbeiner dazu führt, dass Sie nie mehr in den Urlaub fliegen, gleichen Sie all das natürlich locker wieder aus.

🐾 Hundekot ist ein großes Umweltproblem und spielt bei der Überdüngung und der Öko-Toxizität im Wasser eine Rolle. Dann lieber im Beutelchen entsorgen? Auch schwierig: Wenn jedes »Geschäft« in einem Tütchen landet, sind das im Jahr doppelt so viele wie die so genannten Hemdchenbeutel in

der Gemüseabteilung. Ein Dilemma, für das mir noch keine Lösung eingefallen ist.

 Auch Urin ist nicht ohne – er macht die bepieselten Bäume anfälliger für Krankheiten.

Für die Katzenkiste lieber zu Produkten auf Holzbasis greifen als zu mineralischem Streu.

Auch die Ausstattung spielt eine Rolle. Wie schon mehrfach erwähnt: Jeder Konsum verursacht Treibhausgase … also reicht vielleicht ein Fressnapf? Und der vielleicht nicht aus Plastik?

97 – Der Öko-Christbaum

Ich oute mich: Ich liebe Weihnachten. Es macht mir Spaß, die Wohnung weihnachtlich zu dekorieren. Ich freue mich jedes Jahr, wenn es so weit ist, den Adventskranz zu schmücken, ich habe immer viel Zeit für das liebevolle Einpacken von Geschenken investiert, und natürlich muss mein Baum groß sein.

»Der Tannenbaum« von Hans Christian Andersen hat mich allerdings immer besonders bewegt: erst die ganze Pracht, und dann das bittere Ende auf dem Müll. Der Christbaum ist eindeutig pure Verschwendung – aber eben auch *das* Symbol für Weihnachten und für meine Kinder unverzichtbar. Also was tun? Wie kommen wir mit gutem Gewissen durch die Weihnachtszeit?

- Heimische Bäume sind auf jeden Fall besser als Importware, je regionaler, desto besser, wegen der Umweltbelastung durch den Transport. Wobei es hier schon wieder kniffelig wird – 80 Bäume auf einem LKW, die dann von den Käufern zu Fuß nach Hause gebracht werden, sind im Zweifel weniger CO_2-belastend als 80 Familienkutschen, die in die Christbaumschonung auf dem Land fahren, um dort ihren Baum persönlich zu schlagen und zu transportieren.

- Klarer Favorit der Deutschen ist die Nordmanntanne, mit einem Marktanteil von 75 Prozent. Die ist eigentlich im Kaukasus zu Hause. Die Fichte wäre eine heimische Alternative, nadelt aber dummerweise viel mehr. Noch schlechter: Immer wieder finden Umweltschützer erhebliche Pestizidmengen in den Nadeln, zuletzt der BUND 2017, als von 17 untersuchten Bäumen 13 belastet waren.

- Die Alternative: Öko-Christbäume. Damit löse ich das Pestizid-Problem, auch wenn die Öko-Bäume manchmal etwas weniger gerade und gleichmäßig gewachsen sind.

- Bäume mit Wurzelballen kaufen und nach Weihnachten einpflanzen ist nur dann wirklich nachhaltig, wenn der Baum auch nach Weihnachten weiterlebt. Deshalb darf er nur kurz im Wohnzimmer stehen, muss langsam an die wärmere Temperatur gewöhnt werden, darf nicht neben der Heizung stehen, man muss ihn regelmäßig, aber nicht zu viel gießen … etwas für Experten!

- Für alle, die sich nicht über die Jahre einen Tannenwald im Garten zulegen mögen, gibt es Anbieter, wo man den Baum im Topf mieten kann. Allerdings schlägt da der Transport gleich mehrfach zu Buche, wenn der Mietbaum kilometerweit durch die Gegend gefahren wird.

- Ein Plastikbaum muss mindestens 17 Jahre verwendet werden, bis er in Sachen Ökobilanz vorne liegt. Und dann haben Sie bei Plastikbäumen auch wieder das Erdöl-Thema auf der Uhr …

- Was zudem für den traditionellen Christbaum spricht: In den acht bis zehn Jahren, während er wächst, speichert er CO_2.

- Wenn Sie auf echte Kerzen stehen: Bienenwachs hat eine viel bessere Ökobilanz als Kerzen aus Paraffin – das wird aus Erdöl erzeugt und ist schon deshalb problematisch. Stearinkerzen wären günstiger, dürfen aber auch bis zu zehn Prozent aus Paraffin bestehen.

- Was in ökologischer Hinsicht gar nicht geht, ist Kunstschnee zum Aufsprühen – Chemikalien und Schwermetalle im Spray, die Entsorgung der Spraydose, und kompostierbar ist der Baum dann auch nicht mehr.

🍀 So genanntes »schweres Lametta« besteht großteils aus Blei und darf deshalb nicht in den Hausmüll, sondern muss zur Schwermetallsammelstelle auf dem Wertstoffhof. Ist das Lametta aus Kunststoff oder Aluminium, ist es wenigstens kein Sondermüll, versaut jedoch ebenfalls den Kompost und muss peinlich genau entfernt werden, bevor der Baum entsorgt wird.

98 – Weihnachtsdeko mit guter CO_2-Bilanz

Der Christbaum ist nicht die einzige Pflanze, die für uns zu Weihnachten gehört. Und auch nicht die einzige Herausforderung in Sachen Nachhaltigkeit in unserem Wohnzimmer …

Meine Recherchen für den *Konsumkompass* und dieses Buch haben mich nachdenklich gemacht. Kann man es wirklich rechtfertigen, so viel Aufwand zu betreiben für Dinge mit einer so kurzen Lebensdauer?

Ich meine: ja. Neben der Ökobilanz sollten wir vielleicht, jeder für sich, auch die Kategorie der persönlichen Freu-Bilanz einführen. Dinge und Handlungen, die uns besonders glücklich machen, sollten wir auch im Angesicht des Klimawandels noch tun – aber eben mit Augenmaß.

- Der Adventskranz ist aus heimischen Fichten- oder Kiefernzweigen nachhaltiger als aus der Nordmanntanne. Beim Kauf auf den Unterbau achten: Styroporkränze verrotten bei der Deponierung nicht. Natürliche Materialien wie Reisig oder Stroh sind besser.

- Ein relativ problematisches Produkt ist der so beliebte Weihnachtsstern, nach Orchideen Deutschlands meistverkaufte Topfpflanze. Die Mutterpflanzen unserer Weihnachtssterne stehen in Afrika. Die Stecklinge kommen zu großen Teilen aus Weihnachtsstern-Farmen in Uganda, Kenia oder Äthiopien. Zwischen Mai und Juni fliegen die Stecklinge dann nach Europa und werden hier großgezogen. Die Arbeitsbedingungen auf den afrikanischen Farmen sind meist problematisch – schlecht bezahlte Arbeiter, hoher Pestizideinsatz, wie so oft.

Und weil die Pflanzen nur zu Weihnachten richtig beliebt sind, wandern sie im Januar meist in den Müll.

 Die Mistel ist eine wichtige Futterpflanze für Insekten und Vögel. Wegen ihrer großen Beliebtheit in der Adventszeit sind die Bestände bei uns vielerorts bedroht. Viele Misteln kommen auch aus Frankreich – da ist die Ökobilanz wieder mies, wegen des weiten Transports. Wenn Sie auf Ihren Kuss unter der Mistel nicht verzichten wollen: vielleicht wenigstens mehrere Jahre unter dem gleichen Zweig?

99 – Besser schenken mit Umweltbewusstsein

Ist es nicht im Grunde so, dass es beim Schenken viel mehr um die Geste gehen sollte als um das eigentliche Geschenk? Um das Gefühl, dass an uns liebevoll gedacht wurde? Ein Grund mehr, auch bei diesem Aspekt des weihnachtlichen Konsums den Blick auf seine Klimarelevanz zu richten.

- Ich schenke inzwischen am liebsten gemeinsame Erlebnisse: Konzertbesuche, Reisen, ein selbstgekochtes Gala-Menü. Die meisten Leute haben ja ohnehin von allem zu viel. Fast niemand in Ihrer Familie wird noch einen Kerzenleuchter brauchen, und wenn er noch so hübsch ist.

- Geschenkpapier gibt es bei mir seit vergangenem Jahr kategorisch gar nicht mehr. Ich habe jetzt angefangen, besonders schöne bunte Zeitungsseiten aufzuheben. Oder hübsche Tüten als Geschenkverpackung zu nutzen.

- Was ich bei meinen Geschenkbänder aufbügelnden Großeltern früher etwas skurril fand, ist unter ökologischer Betrachtungsweise genau richtig: Mehrfachverwertung!

100 – Feuerwerk – das ultimative No-Go

Zum Abschluss die schlechte Nachricht: Feuerwerk und Nachhaltigkeit schließen sich leider aus. Die Liste, die gegen die Feuerwerksorgie spricht, ist lang: Wild- und Haustiere geraten in Panik, die Arbeitsbedingungen in den chinesischen Fabriken sind gruselig, dann der Transport, Brände, Verletzungen und Tote durch unsachgemäße Verwendung, ein Müllberg am Morgen danach, und die Feinstaubkonzentration in der Luft am Neujahrstag ist vielerorts höher als das ganze restliche Jahr über. Das Umweltbundesamt kommt auf 4 500 Tonnen Feinstaub. Das sind etwa 15 Prozent der Menge, die der gesamte Straßenverkehr im Jahr produziert. Im Corona-Jahr 2020 war das Feuerwerk aus Pandemie-Gründen vielerorts verboten – mit positiven Folgen für die Luft und für die Psyche vieler Haustiere. Und ganz ehrlich: Schon schön, wenn man am Neujahrstag in deutschen Städten nicht über eine Müllhalde spaziert, oder?

An der Uni München arbeiten Forscher übrigens an Öko-Feuerwerk. Das ist allerdings noch weit entfernt von der Marktreife. Insofern gibt es hier nur einen Tipp:

 Feuerwerk geht leider gar nicht. Sorry!

REGISTER

Unsere Leseempfehlung

Liesl Clark & Rebecca Rockefeller

Nichts kaufen, ALLES HABEN

In 7 Schritten zu einem konsumfreien, nachhaltigen und großzügigen Leben

GOLDMANN

368 Seiten

Klamotten, Kosmetik, Elektronik: Wir kaufen ständig neu und schmeißen vieles anschließend wieder weg. Was davon bleibt: Müllberge, die unseren Planeten zerstören, und das ungute Gefühl, den Blick für das Wesentliche zu verlieren. Liesl Clark und Rebecca Rockefeller, die Gründerinnen der globalen »Buy Nothing«-Bewegung, liefern mit diesem Buch eine fundierte Analyse unseres Kaufverhaltens und führen in sieben Schritten zu einer nachhaltigen Konsumkultur, die auf dem Prinzip des Schenkens und Tauschens beruht. So schonen wir Ressourcen, kommen unseren Mitmenschen näher und haben wieder Raum für die wirklich wichtigen Dinge im Leben.

Unsere Leseempfehlung

240 Seiten

In über 200 Bildern stellt Lina Jachmann einen minimalistischen Lebensstil vor. Homestorys über die perfekte Ordnung inspirieren zum Nachmachen, die Autorin blickt in einen aufgeräumten Kleiderschrank mit wenigen, unterschiedlich kombinierbaren Kleidungsstücken und zeigt, wie man überlegt einkauft und dabei seinem Stil treu bleibt. Außerdem erklärt sie, wie man nachhaltige Kosmetik selbst herstellt, regt mit leckeren Rezepten zum Kochen an und gibt Tipps für das minimalistische Denken.

Unsere Leseempfehlung

288 Seiten

Die negativen Auswirkungen von Kunststoffen sind in aller Munde. Trotzdem findet sich Plastik überall. Gerade im Supermarkt kommt scheinbar kaum ein Produkt ohne Plastikverpackung aus. Ein Leben ohne Plastik: Geht das überhaupt? Dieser Frage begegnet die Journalistin und Bloggerin Sylvia Schaab häufig, wenn sie erzählt, dass sie mit ihrer fünfköpfigen Familie weitgehend verpackungsfrei lebt. Ihre Erfahrungen vermittelt sie in diesem Buch. Sie zeigt, wie auch Familien innerhalb von 30 Tagen die Weichen für ein nachhaltigeres Leben ohne Plastik stellen können und stellt alternative Konsummöglichkeiten wie Upcycling, Reparieren, Kreislaufwirtschaft oder Cradle-to-Cradle-Produkte vor.

www.goldmann-verlag.de
www.facebook.com/goldmannverlag

Um die ganze Welt des
GOLDMANN Verlages
kennenzulernen, besuchen Sie uns doch
im Internet unter:

www.goldmann-verlag.de

Dort können Sie
nach weiteren interessanten Büchern *stöbern*,
Näheres über unsere *Autoren* erfahren,
in *Leseproben* blättern, alle *Termine* zu Lesungen und
Events finden und den *Newsletter* mit interessanten
Neuigkeiten, Gewinnspielen etc. abonnieren.

Ein *Gesamtverzeichnis* aller Goldmann Bücher finden
Sie dort ebenfalls.

Sehen Sie sich auch unsere *Videos* auf YouTube an und
werden Sie ein *Facebook*-Fan des Goldmann Verlags!

www.goldmann-verlag.de
www.facebook.com/goldmannverlag

GOLDMANN
Lesen erleben